西洋民主政治的治亂興衰

曾祥和／著

獻給　母親

　　本書承蒙前台北市立第一女子高級中學資深教師蔡中理女士、方震華、吳文星、彭小甫、馬西屏、張玉法、張朋園、汪雁秋、陳三井、呂實強等位教授暨我女沈念祖大力協助並提供寶貴意見，謹此敬致至深謝忱。

曾祥和

2011年8月10日

目次

導言   11

古代雅典的民主政治   13

雅典民主政治產生的背景及早期的政治情況   13

梭倫制法與民主政治的初建   15

僭主統治與克利斯提尼的改革   21

波希戰爭與民主政治的極盛   28

亞力山大東征與民主政治的衰落   36

古代羅馬的共和政治   39

共和初建與民權的逐步擴張   39

共和初期的社會政治及軍事概況   48

疆域擴張與內部變遷   54

百年革命與共和政治的名存實亡   65

英國議會政治及政黨的興起   91

西歐中古封建社會的一般情況   91

英國的特殊發展   100

斯圖亞特王朝與議會革命   113

內戰弒君與曇花一現的共和國   120

查理二世復辟與光榮革命   126

兩黨政治與內閣制的形成   135

法國大革命與西洋民主政治的遠播   143

十八世紀的法國   143

三級會議召開與憲法制訂   154

巴士底陷落與共和建立   164

恐怖統治與張久必弛   175

拿破崙的興起與西洋民主政治的遠播   188

西洋民主政治目前面臨的問題   197

附註   203

導言

　　「天行健，君子以自強不息」是「易經」的主要思想，這種思想推動著炎黃子孫數千年來隨著環境變化，調整適應成為世界上歷久猶存的唯一國家和民族。

　　自然環境在變，人事在變，人們的思想也在變，任何文化和制度都不能「亙千古而不變」。源自古代雅典、羅馬，由英法兩國推陳出新，十九世紀以來成為世界主流的所謂西洋民主政治也不例外。

　　民主政治只是一種原則，實施方式因時因地各有不同。英法兩國分別發展出來由政黨執行的代議政治曾使她們和美日等國富強康樂盛極一時，美國甚至不惜以戰爭手段將之推行於全

世界。近數十年由於科技進步，交通便利，一切事物趨向全球化，這種制度也陸續出現了若干問題。

　　民主政治原則上固然最為合理，人人都想將之付諸實施，但欲行之有效除需建立適合國情的行政、立法、司法及監察制度之外，更須絕大多數人民具備參政能力、愛國心、守法精神及衣食無憂。諸事之中如有或缺，即將發生問題，如果問題不能解決，輕者民主變質，重者可致國家衰亡、世界不安。

　　西洋民主政治既已發生問題，後進諸國不能不預為之防。削足適履徒滋紛擾，急迫躁進危機重重，除積極培養民主政治必需的條件之外，縝密籌劃適合本國情況的實施方式勢在必行。殷鑑匪遠，爰藉西洋民主政治發展的經過及其所衍生的問題，擇其綱要提供識者及執政當局研究改進的參考。

古代雅典的民主政治

雅典民主政治產生的背景及早期的政治情況

我國三千年前尚書上就有民為邦本的說法，其後孟子又有民貴君輕的思想，但是世界上最早的民主政治卻產生在雅典，其因無他，地理環境及其所影響的生活方式使然。我國先祖居住黃河流域的廣大平原，考證有據的夏朝已是疆土遼闊。人民鑿井而飲，耕田而食，天高帝遠，帝力可以不有於他，他也很少有機會參與政治。雅典的情況卻完全不同。

雅典位於希臘半島中部濱海的阿提卡（Attica）平原。希臘半島丘陵起伏，將全境分割為若干小平原。希臘人進入之後

在各個小平原上建立城邦，以農牧維生。平原土質大半並不肥沃，人口逐漸繁殖，紛紛向外發展。西元前十一世紀左右東向渡過達達尼爾（Dardanelles）海峽，戰勝特若埃（Troy），在小亞細亞沿岸及附近島嶼建立城邦。西元前八世紀更擴大範圍在地中海沿岸遍設殖民地，工商業亦隨之興起。各邦之中最初皆由君主統治，西元前九世紀王權漸衰，西元前八世紀普遍改行貴族政治。

雅典早期亦與其他一般城邦相若，初行王政，社會上以家族為基本單位，由家族結合成四個部落。國小民寡，家族勢大，軍國大事必須召開貴族會議，獲得支持再向全體公民大會宣布執行。國內無常備兵，遇有戰事，各部落率領成年子弟自備武裝武器，荷戈赴敵。國王之下無常設的百官群僚，行政、司法、外交等事務皆由國王徵召貴族為之。西元前九世紀末，王權開始衰落，貴族推選一位統帥（Polemarch）掌管軍事，繼

而又由麥當提家族（Medontids）擔任執政（Archcon）總綰行政，任期終身，國王僅餘宗教及一部分司法權。以後執政逐漸由麥當提家族擴大至所有貴族皆可擔任，任期亦由終身降為十年，以至一年。執政、將軍及國王三人之中以執政為首，以其名記年，西元前683年以後斑斑可考。西元前七世紀中葉再增六人管理司法，合稱九執政，皆由民選，任期一年，任滿後成為貴族會議當然議員。貴族會議決定一切軍國事務，執政也可能由貴族會議於全民大會提出若干候選人中選出。

梭倫制法與民主政治的初建

貴族統治之下，對於平民壓迫、壓榨無所不用其極。更值工商業興起改以貨幣交易，初期幣量無多，價值昂貴，小地主自耕農兌幣繳稅之餘，不足養家活口，不得已向商人借貸。商人重利盤剝，法律亦維護債權，連本帶利絲毫不能欠付。農人

積久無法償還，只得以田地抵押，農田之上遍布債主勒石記其權益。梭倫（Solon）至有大地已被奴役之嘆。無田可耕為人幫傭的人情況更為悽慘，辛苦終年所得僅為產品六分之一，習慣上稱之為六分之一工作制，工資不足養生亦向富人借貸，無力償還即質身為奴，任由債主役使、出賣。法律由貴族制定全憑口說，往往朝令夕改，平民動輒得咎。西元前621年德瑞古（Draco）制定成文法，平民稍可有所趨避，然而內容不特偏袒貴族權益，刑責更異常嚴苛，偷竊白菜亦處死刑，至有以血寫成之譏。民怨沸騰，革命一觸即發。良知未泯態度溫和的貴族有所警惕，約在西元前594年推舉梭倫擔任執政，授權制定新法。

　　梭倫出身貴族，經營商業，足跡遍及愛琴海東岸，接觸當地進步文化，識見廣闊，生性中正和平，深受國人敬重，受命制法，從事全面改革。首先解放債奴，規定此後償債以財產

為限，不得以身相抵；廢除德瑞古法中不公及嚴苛條文，存其刑法中區別謀殺及意外或正當殺人等合理部分；以法律限制奢侈，嚴懲懶惰；允許無後嗣的人可以遺囑處理財產，不必依照舊俗必須給其最近親屬。

經濟方面，調整錢幣及度量衡標準，期能與更多地區貿易；除橄欖油外禁止農產品外銷，以免民用不足，價格高漲；限制個人所有田地面積，阻止大地主增加。

社會方面，君主及貴族統治時期，自由人分為貴族（Eupatridae）、自耕農（Georgi），及工商業者（Demiurgoi）三等。執政、統帥、國王由貴族擔任，六法官中三人為貴族，二人為自耕農，一人為工商業者。工商業興起後，逐漸以收入多少分高下，形成五百麥迪尼（Medimni）以上（Pentacosiomedimni）、三百至五百麥迪尼（Hippes）及二百至三百麥迪尼（Zeugitae）三階級。梭倫另加二百麥迪尼以下

（Thetes）為第四階級，亦具公民身分。前三階級可任公職及服騎兵或重甲步兵役，第四階級可以參加全民大會及民眾法庭，並服輕甲步兵或海軍役。

政治方面，九執政由全民大會選出，仍由第一階級擔任，其地位及職權不變；雅典娜司庫（Treasurer of Athena）也出自第一階級，其他職務可由第二、三階級擔任。第四階級不能擔任公職但可在全民大會中選舉官吏及擔任民眾法庭法官。

貴族統治期間，一切法案在交付全民大會表決前，先由貴族會議加以討論並作決定，事實上掌握立法權。梭倫新法大量減少貴族會議的功能，除在司法上可以處理殺人案件及宗教事務以外，僅給予保護憲法及一般法律之權，對官吏有廣泛而不確定的控制力量以及對公民具有檢查權威等空泛的崇高地位，不再能夠直接參與行政及立法。其一般稱謂亦不復為單純的「會議」（Council）而以阿瑞歐帕格斯會議（Council of Areopagus）相稱，以別於新成立的四百人會議（Council of 400）。

　　四百人會議由四部落各選百人組成，前三階級皆可擔任議員，一切法案於交付全民大會表決之前皆由四百人會議加以討論並做決定，取代以前貴族會議的所為。梭倫新法許多人選皆由抽籤產生，當時一般希臘人認為抽籤乃為神選，較民選更為適當。但抽籤選出的人未必皆能勝任其職，是以梭倫規定九執政由四部落各選十人，再由四十人中抽籤選出九人。一方面可收公平之效以及避免家族及黨派操縱，一方面不致選出不稱職的人。由於執政任滿即成阿瑞歐帕格斯會議當然議員，事實上該會也是由人民選出的人士組成。

　　新法設置民眾法庭（The Popular Courts），四階級皆可參加。官吏任內如有過犯，人民可於其任滿之後在民眾法庭加以控訴。法官由全體公民自願登記後抽籤選出，人數可達數百以

至千人以上。執法之時須先宣誓，全民大會選舉官吏表決議案則不必有此手續。民眾法庭設置之初，執政仍有司法權，民眾法庭僅為審理退職官吏及上訴機關；以後職權逐漸擴大成為初級及最高法庭，審理一切案件。執政僅司審判前的程序事務，以及審判時擔任主席。受審者是否有罪及所處刑責，由全體陪審官投票決定。

依照梭倫的安排，人民在行政方面對於官吏人選及其一切作為皆有控制之權，又能直接參與立法及司法。雖然擔任公職仍有階級限制，民主政治的基礎實已奠定，其影響直至今日。

新法既成，公佈實施，並令全國人民宣誓遵守，百年之內不能變更。梭倫本人任滿之後即出國再作遠遊。

梭倫新法立意雖美，卻不能盡滿人意。貴族因不能獨攬大權固然反對，平民亦因要求重新分配土地未能如願，六分之一

工作制度亦難廢止，生活無法改善，對之不滿；惟有工商業者及一般中產階級獲益最多，竭誠擁護。新法中一切政權皆在四部落中行使，部落由家族組成。家族之間本多糾紛，如今加入政治因素，衝突更為劇烈。貴族出身的賴喀格斯（Lycurgus）領導貴族組成平原黨（Plain）；同為貴族卻因新法有利其家族而加以支持的麥加克利斯（Megacles）則率領中產階級組成海岸黨（Coast）。雙方爭奪執政，亂象叢生，最後更出現梭倫所極力避免的僭主統治。梭倫倦遊歸來，觸目心驚，事與願違，一代賢哲鬱鬱以終。

僭主統治與克利斯提尼的改革

　　希臘諸邦在貴族統治時期遇有失政常有僭主（Tyrant）出現，在原有體制下盜竊大權。雅典由於梭倫之法未能盡善，亂象叢生，亦有同樣情況發生。貴族出身，在與鄰邦麥

格拉（Megara）作戰時建立軍功，頗得人望的皮西斯垂塔斯（Pisistratus）聯合山地窮苦平民，及在新法中未能獲利或損失債權的人組織山陵黨（Hill）。西元前561年某日全民大會時，皮氏負傷出席，謂與平民友善遭致政敵攻擊，並出示傷處，群眾譁然，遂接受皮氏黨人阿瑞斯提昂（Aristion）提議，授與皮氏五十名武裝人員以為護衛。皮氏即以武力攻佔衛城（Acropolis），奪取政權。平原、海岸兩黨因為相互惡鬥致令皮氏坐收漁人之利。皮氏掌權後，兩黨轉而聯合，五年後（556-5BC）將皮氏驅逐。

西元前550-549年，海岸黨領袖麥加克利斯與平原黨又行決裂，黨內人士也與之發生齟齬，乃與皮氏協商，以女妻之，助其復位。皮氏黨徒在鄰村覓一身材高大逾恆的女子偽裝雅典娜（Athena），揚言女神將親送皮氏返鄉。皮氏旋與村女同車入城，群眾無知，信以為真，蜂擁至其旗下，皮氏因而再度掌

權。皮氏前妻生有二子，惟恐再婚生子，兄弟爭位，禍起蕭牆，雖與麥氏之女成婚，但無夫婦之實。麥氏聞悉大怒，聯合皮氏政敵即於同年將之驅逐下臺。

皮氏二度被逐後，遠赴馬其頓，聚集附近民眾建立與城邦類似的組織。開採金礦，招募傭兵，廣結與邦，獲得拿克索（Naxos）僭主及色薩利（Thessaly）等地支持，於西元前540年率軍返抵馬拉松（Marathon），原有黨徒紛紛來歸。雅典執政派軍迎敵，為其所敗，皮氏三度奪得政權。西元前528-527年逝世以後，二子繼位，直至西元前514年被逐，始行結束僭主之治。

皮氏統治期間，表面上仍遵民主之制，卻以操縱選舉，擁兵自衛，實際上大權獨攬成為僭主。高壓之下，黨爭平息，貴族紛紛逃亡國外，所遺田產，皮氏將其分給無產的人耕種，收取產品十分之一以為地租，晚年或其子統治時更曾一度降為

二十分之一。全境遍種橄欖，增加油類輸出。民生既裕，第四階級逐漸消失，六分之一工作制也不復存在，梭倫之法一部分缺陷得以彌補。對外睦鄰交遠，儘量保持和平，在黑海沿岸建立殖民地，擴大商業範圍，增加國庫稅收。國泰民安之餘，更從事公共建設及文化事業。擴大雅典娜神殿，增建酒神新廟，改進給水系統，並擬擴大雅典城牆，可惜計劃中的規模過大，皮氏及其二子執政之時未及實現。延攬學者校定荷馬古詩，改進酒神節慶簡單的神前歌舞，成為垂範千古的西洋戲劇濫觴。在其統治之下，政敵消聲匿跡，人民安居樂業，文人學者喜獲知音，埋頭從事研究創作，不復計其專制獨裁，舉國上下享受大國光榮，無意也無力對其反抗，使其維持大權直至壽終正寢。

皮氏逝世之後，兩子希皮阿斯（Hippias）及希帕喀斯（Hipparchus）繼續掌權，父風不改，國人亦能相安。不意十餘年後希帕喀斯以感情糾紛被人刺殺，希皮阿斯作偽心虛，以為國人開始反抗其獨裁專制，於是處處猜疑，顯露暴君面目，

並預謀逃亡，暗通波斯以為外援。西元前514年流亡在外，久欲返鄉的貴族聯合斯巴達進軍雅典將其驅逐。

僭主統治結束之後，雅典在斯巴達控制之下，短時間恢復貴族政治。但民主政治已經深入人心，貴族又彼此之間互相傾軋，經過數年亂局，一般民眾不甘受制於斯巴達，群起將其軍隊逐出，恢復民主政治。約在西元前508年貴族出身支持民主的克利斯提尼（Cleisthenes）將梭倫之法作局部改革，民主政治經過將近百年的種種波折，終能逐漸步入正軌。

克利斯提尼的改革，僅限於人民使用政權不經由舊有以家族組成的四部落，而代之以固有地方單位狄姆（Deme）組成的十個新部落。克氏先將全境分為城市、海岸及內陸三部分。每部分再分十區（Trittys），每區包含若干狄姆。新的十部落，每一部落包含城市、海岸、內陸各一區。如此既可避免家族恩怨所生糾紛及地方利益衝突，又可平衡各階級成分。雖然每一部落之中三區不在一處，但區中所屬狄姆居民世代為鄰，

彼此熟悉，不致選出不適任的人。此外，外邦歸化及已被解放的奴隸等人不在舊有四部落中，過去雖為公民卻無從行使其政權，新的十個部落包含雅典所有居民，不致再有遺珠。此後表明個人身分也不再用「某人之子某某」，而代之以「某一狄姆之某某」。

所有政權行使既已不在舊有四部落中，則由四部落選出的四百人會議也不復存在，改由十個新部落每一部落選出五十人組成的五百人會議行使其職權。五十人中按狄姆人口多少分配，具有代表作用，議員就職時宣誓提出對雅典城最佳的意見，任滿時須對所有議案負責。

五百人會議為最高行政權威，與各官員共同管理大部分公共事務，執政及其他官員皆須對會議提出施政報告，並接受其命令。所有政府財政皆由每部落選出一人組成的十位官員，在會議指導下執行任務。有關公共財政的司法案件似乎亦由會議審理，並可科官員罰金。其他如公共工程，接見外邦使節，

與外邦商討，甚至有關戰爭等事務均由會議主持。但宣戰媾和之權則在於全民大會，須由全民大會表決通過或否決。立法方面，所有提交全民大會的議案，皆須事先由五百人會議討論並作成決定，供全民大會參考。司法方面，一般案件及特別訴訟也可由五百人會議或全民大會通過後予以執行。

五百人會議所有職務既繁且重，需要隨時處理。五百人長期集會行之不易，克氏乃將一年分為十個行政期（Prytaneis），每期由一部落議員當值。當值的主席及其所屬部落其他議員必須居住於官舍（Tholos）之中，由公家供給飲食。

軍隊也不再由舊有四部落各率其子弟兵組成，改由十個新部落徵集。每一部落提供一隊重甲步兵（Hoplites）及一支騎兵，由所屬部落選一將軍（Strategoi）率領。十位將軍共同處理全國軍事，九執政中的統帥（Polemarch）仍為最高軍事將領。

此外，雅典獨有的陶片流放制（Ostracism）傳說也是克氏所創，但其實施則自西元前487-486年開始。其法為每年於第六

行政期全民大會中決定當年是否需要執行。如需執行,則於第
八行政期召開特別全民大會。民眾按部落集結,在陶片上書寫
意欲放逐之人的姓名,投入容器之中,六千票以下不計,六千
票以上得票的人須於十天內離開雅典,十年內不得返國,但其
財產及公民身分則仍然保存。

波希戰爭與民主政治的極盛

　　西元前六世紀中葉,波斯王國崛起於伊朗高原,挾其軍
威四下擴張,僅僅半個多世紀已經蔚為跨越歐亞非三洲的大帝
國。西元前490年以埃瑞垂亞(Eretria)及雅典幫助已為波斯控
制的小亞細亞諸希臘城邦叛亂為由,出兵討伐兩邦,毀埃瑞垂
亞,與雅典戰於馬拉松。雅典以弱敵強,以少勝眾,斃敵6400
人,本國軍隊僅有192人罹難。波斯為雪前恥,於西元前480年
海陸並進大舉攻伐,所過之處希臘諸邦望風歸降,惟有斯巴達
與雅典奮起抵抗。陸軍以斯巴達為首,海軍以雅典為主力,獲

得最後勝利。波軍知難而退，希臘人信心大增。雅典聯絡沿海及島嶼諸邦組織的洛（Delos）同盟，自為盟主，雄霸附近海上。商業暢通，既富且強，外邦人士紛紛來歸，百家爭鳴，百花齊放，民主政治亦再度加以改革更臻完善。

西元前463-461年，埃菲阿爾提（Ephialtes）推動削減阿瑞歐帕格斯會議職權，將該會懲罰不法官吏，監督行政措施及法律執行之權移交人民。廢除其過問公民私生活之權，使該會僅餘審理刑事案件及管理某些神廟財產之權。此後危及公眾福利的案件改由五百人會議或全民大會審理，對官吏施政報告不滿之事由民眾法庭審理。由於阿瑞歐帕格斯會議議員係由退休的執政擔任，而執政則由上層階級選出，此一碩果僅存帶有貴族色彩的機構從此失去其在政治上的重要性，使得民主政治更進一步發展。西元前461年埃菲阿爾提被刺，與其同時致力民主政治改革的伯里克利（Pericles）繼續努力不懈，終於將民主政治推上高峰。

伯里克利出身望族，文武兼資，曾受哲學家安那克薩高瑞斯（Anaxagoras）薰陶，富於理性思考，處事冷靜，生活簡樸，嚴於律己。領導雅典政治三十年，促使民主政治達到最高境界。大權在握而不以獨裁者自居，難能可貴，實堪作為西洋政治家的典範。伯氏深得民主三昧。除在改革措施上能使民主政治徹底實行外，修昔的底斯（Thucydides）書中所載其在伯羅奔尼撒戰爭（Peloponnesian Wars）時所作陣亡將士葬禮演說中的警句如：「全民皆須對政治有正確觀念及健全的判斷力」，「不以忙於家中私事而忽略公共事務」，「在公眾生活及私人交往中不排斥他人，不互相猜忌，對於他人所喜為的無害之事，雖感不快亦不以白眼相加」，「凡事必須充分討論而後行動」等等，至今猶可作為民主政治致力的方向。[1]

---

[1]　修昔的迪斯所著「歷史」書中所載伯里克利的葬禮演說，史家或疑其為修氏一己思想藉伯氏口中說出。但以修氏之客觀嚴謹，而且親身參與該項葬禮，所用文字或因記憶所及略有出入，內容則應屬絕對真實。而且不論其為伯氏或修氏之言，其為當時希臘人對民主政治的看法則一，對於後世的影響亦具同樣價值。

西元前458-7年，由於伯氏推動，執政改由諸狄姆不限階級選出五百人，再由其中抽出九人充任。同時執政、五百人會議議員及民眾法庭陪審官等皆付一定薪資。如此每一公民皆有當選機會及擔任公職的可能，不致因服公務影響私人生計，民主政治至此已達最高境界。但位高權重的執政因自民選的五百人中抽籤選出，傑出人才當選機會僅有百分之九，其重要性自然大量減少，統帥一職已不復適任軍隊最高統帥，改由十部落選出的將軍擔當軍事重任。其後不久，十位將軍又改由全民選出，但盡量自每部落中各選一人，就現有史料觀之，尚無同一部落有兩位以上將軍的例證。最初規定每一將軍各任統帥一天，平日尚可，但戰時則不宜。乃於全民大會宣布作戰的同時，選出一位全軍統帥，但其威權僅限於該一戰爭及針對其作戰同僚。十位將軍既由選舉產生，可以選出傑出人才，在政治上自然處於最重要地位。伯氏即以將軍身分領導全國政事。自

西元前462至429年秋逝世為止，除短時間曾被罷免旋即復職外，從未中斷。

　　雅典當時除大富之人一生中負擔某些公共費用一或二次外，一般民眾全無稅務負擔。每一部落提供的戰船由部落中富人負責製造，及僱人操作管理。出使外邦或參加宗教活動也由國內富人負擔費用。宗教活動中最重要及最具特色的莫過於酒神節的歌舞及戲劇表演。每一部落提供一組表演者，互相競賽。悲劇及喜劇表演獲勝者接受桂冠及一銅質三角檯（Tripod），得獎者常以其本人及所屬部落之名鐫於其上，置諸立柱或小型神廟之上，衛城東邊通往劇場的道路上佈滿此等物事，成為特殊景觀。

　　陶片流放制在西元前487-6年至418-7年間，時常舉行。由於六千票以上始為有效，被放逐者必為知名人士。就現有資料觀之，除特米斯托克利（Themistocles）有貪污嫌疑外，其餘

多為政見與民意不合的政治家。如處以刑罰既於法無據，於理不合，又損失國家有用人才。予以不列理由的流放，既可不受其政見干擾，又可為國儲才，實為兩全之策。事實上，多位被逐的人於情勢改變後，即被召回畀以重任，絲毫無損其聲望地位。至於特米斯托克利則可能因其抵抗波斯有大功於國及整個希臘，不幸晚節不堅，有貪污之嫌，如明正典刑不但心存歉疚，而且國醜外揚，破壞難得的英雄偶像，予以陶片流放，實為最佳措施。但雅典此制亦僅用於民主政治全盛，一般選民參政能力最高之時。西元前418-7年後雖未廢止，卻未見繼續執行。

西元前五世紀雅典的民主政治臻於極盛，大部份希臘城邦或迫於雅典威勢，或見賢思齊，紛紛效法。直至今日，世人對之猶無限嚮往。然而世事紛紜，人心莫測，任何制度皆難盡善盡美，雅典民主政治極盛之時亦非白璧無瑕。例如民眾法庭

的設置，雖使民眾力量無所不在，卻是梭倫立法的一大敗筆。法律之事細微精深，非專業人士難以作出適當判斷。民眾法庭的陪審官任何人皆可充任，絕大多數並無足夠的法律知識，極易受當事人言詞儀態影響，忽略證據及理性，或枉或縱，草菅人命，所在多有。一代哲人蘇格拉底（Socrates）即為其最著名的犧牲者。蘇氏被控褻瀆神明，及腐化青年的罪名，原告求處極刑，蘇氏當庭辯護無力，五百陪審官中僅以六十票多數判其有罪。如何處置則由陪審官於原告被告所提罰則中選擇其一。蘇氏所提少量罰款過於輕微，陪審官遂以更多票數決定依原告之議定刑，致使希臘思想失去巨匠，千古世人為之扼腕。其次，陪審官最多可至數百以至千人以上，其中常有遊手好閒，貪圖出庭補償金，以及視法庭為劇場，尋求消遣的人。被告命運操於此輩之手，焉能得直？喜劇大師阿瑞斯托芬尼（Aristophanes）劇中即曾對之加以諷刺。是以近代民主國家皆不用此制，而將司法事務交付專業人士。

至於軍事，錯綜複雜，經緯萬端，更非常人所能知悉。民選將軍已屬不當，戰時統帥亦由全民選出更為危險。西元前415年遠征西西里（Sicily）之役，雅典一般民眾對遠方事務甚少知悉，挾其軍威，誤判敵情，以為島上財富唾手可得，派遣大軍，跨海西征。更以平時對尼西亞斯（Nicias）的信任，不顧其對勞師遠征的反對，並高估其將才，將其選為統帥。結果損兵折將，元氣大傷。伯羅奔尼撒戰爭急轉直下，至於西元前404年一敗塗地。甚至在斯巴達控制之下，一度推翻民主政治，不久民主政治雖告恢復，國勢卻大不如前。

　　梭倫創建民主政治之意洵美，伯利克里領導之下亦使雅典在自由民主的環境中富庶康強。但不幸對外卻強梁霸道，以征服為榮。自古侵略者能長保權勢，史無前例。戰勝攻取，樓起樓塌，恍若春夢一場。殷鑑非遠，今日仍以各種藉口企圖控制全世界者能不三思！

亞力山大東征與民主政治的衰落

　　馬其頓（Macedonia）王亞力山大（Alexander the Great）
於西元前336年繼承父業，南討東征，建立跨越歐亞非三洲的大
帝國。雖然英年早逝，帝業三分，但其部將建立的王朝直至百
餘年後次第為羅馬所併始告終止。在此期間，希臘文化及經濟
勢力遍及東部地中海沿岸，造成所謂大希臘化時代。亞氏在馬
其頓及亞非等地雖以君主地位乾綱獨斷，但對希臘諸邦，則僅
以盟主名義領導。對於雅典以其文化優越更為禮遇，對其內政
不加干預。然而雅典的民主政治卻日漸衰落，其因繁多，惜乎
史文多闕，僅就有限資料得其梗概。

　　希臘人自古以人民各屬其邦，生死禍福惟國是賴，毫無個
人的獨立地位。但自西元前六世紀理性主義興起，四世紀大師
輩出，文學、藝術、政治、社會、經濟等各部門無不呈現所謂
個人主義（Individualism）思想。政治上，以為國家既由個人

組成，自應以個人利益為重。為保護個人權益起見，小邦林立此疆彼界，徒滋紛擾，不如團結致強，共謀發展，所謂世界主義（Cosmopolitanism）應運而生。馬其頓崛起於北方之時，雅典文學名師伊索克瑞底（Isocrates），不顧其對雅典的可能威脅，公開致函其君主菲利普（Philip），敦促菲氏率領希臘諸邦東征波斯，紓解希臘日漸增加的人口壓力。惜乎伊氏眼光雖經擴大，卻仍以征伐為能事，遠遜我國天下為公的大同思想。其後亞力山大建立龐大帝國，雖由其個人統治，但一人之下似已希望不分種族文化，融為一體，實為世界主義的初步策劃，下開羅馬帝國以世界主人自居的濫觴。政治範圍既行擴大，雅典的直接民主方式僅能行之於小國寡民，亞氏本人及其部將建立的龐大國家均行君主專制。理論上雖不如民主政治合理，就當時情況言之卻可收較高成效，希臘世界以之為最適當的政體。雅典從此不再被視為伯里克利口中「希臘的學校」（School of Hellas）而為眾多城邦效法。雅典人以民主政治為傲的優越感

逐漸減退，誓死維護這種制度的熱忱遠遜波希戰爭之時。

　　希臘世界既大量擴充，貿易範圍也隨之增加。雅典之外，安提阿克（Antioch）、羅得（Rhodes）島、亞力山大（Alexandria）港皆為最繁榮的商業中心。雅典商人遠適他鄉，無法參與雅典政務，甚至長居異地，不復返國，民主政治執行之時減少若干菁英份子。加上遠方貿易成本巨大，獲利亦豐，小型工商無法與之競爭，貧富差距更形懸殊，許多人無力負擔公民義務，失去公民身份，以致公民人數大量減少，素質益形低落，以之主持全國政務，自然建樹無多。兼之雅典在政治上既不復是富強大邦，文化上也失去全面領導地位，人民的愛國熱忱也逐漸淡薄。併入羅馬帝國之時，未聞百餘年前德謨西尼（Demosthenes）鼓勵雅典人對抗馬其頓鏗鏘有力的振臂高呼，未見抵禦波斯侵略時棄家保國以一當百的英勇戰況。蒼茫暮色，寂寞庭院，乏人寫照，史文多闕，以致晚期情況至今猶難詳知。

古代羅馬的共和政治

共和初建與民權的逐步擴張

　　古代羅馬是西元前八世紀中葉拉丁民族在義大利半島中部台伯河（Tiber River）入地中海處所建的城邦。初由君主統治，西元前509年推翻最後一位君主「傲慢的塔昆」（Tarquint the Proud）後改建共和。

　　君主統治時期並無信史流傳，根據傳說証以可靠資料僅知其為小國寡民，既無大規模的政府組織，亦無常備軍隊。君主有事召集世家大族領袖共同商議，並就其中選人任事，號稱元老院（Senate）。議員三百人由君主指定，任期終身。遇有戰事君主召集全民大會（Assembly）號召成年男子荷戈赴敵，公

共工程亦由此輩擔任建造。社會上以家族為基本單位，最初依族別組成三部落（Tribes）。西元前560年左右，名王賽維阿斯（Servius）依居住地區重新劃分為三十五個部落。

推翻君主改建共和的原因及經過不得其詳。傳說為「傲慢的塔昆」不向元老院徵詢意見及補充缺額，擅自宣佈死刑及充公人民財產充裕私囊，徵發不當兵役及其他任務等等不法行為。貴族與平民共同將其放逐，由全民大會選出二人擔任執政（Consul）。執政除無君主某些特權及榮譽標誌外，實際職權與君主相等。二人同掌國事，可以互相否決，任期一年，在職期間不得對之控訴或懲罰，任滿則一如常人不受特別保護。元老院及全民大會由執政召開，元老人選亦由執政指定。遇有緊急重要事故，執政可提任第三同僚，稱「獨裁者」（Dictator）。獨裁者具有國王唯我獨尊之權，執政及全體國人對之絕對服從，其判決不能再作上訴，任期為六個月。首屆

執政之一威勒瑞阿斯（Valerius）提出議案，任何人如欲為王（Rex）則可不經審判即行處死，未得人民同意企圖為官亦將處以死刑。公民被處死刑或杖責時可向全民大會上訴，提案經全民大會通過後成為羅馬共和時期的基本法規。

全民大會選舉執政，表決法律，人民雖已掌握終極大權，但執政及元老均為貴族，對於平民經常壓迫壓榨。平民生活艱苦，不得已向人借貸。法律偏袒富人，規定債主對無力償還的債務人可以禁閉、出賣甚至殺害。債主如不只一人，更可將欠債者的屍體割裂，各取一份。平民忍無可忍要求廢除苛法，減輕債務，分配戰勝所得土地，與上層階級通婚，擔任官員祭司，甚至最高官員亦應有一平民。元老院不允所請，平民拒絕參與戰爭，當局多方誘使，勉強應命。西元前494年戰爭甫告勝利，元老院又拒絕一項改革方案。兵士聞悉離營至安尼奧（Anio）河畔的「聖丘」（Mons Sacer）宣稱未獲滿意答覆不

返羅馬。元老院無奈讓步，設置二保民官（Tribunes），並以二市政官（Aediles）為其助手，保護平民權宜。保民官由全民大會選出的平民擔任，與執政有平等而獨立的地位。平民如認為官員的任何命令對之有害而加以抗議之時，保民官可將該命令取消，但不能干預執政在軍事方面或獨裁者在羅馬城內外的威權，任期亦為一年。雖然不能盡如人意，平民亦適可而止。雙方爭執暫告解決，充分顯示羅馬人的妥協精神。此後百餘年對外戰爭頻仍，需要全民支持，遇有平民合理要求，劍拔弩張之際，政府亦不得不稍作讓步，多次妥協結果民權得以逐步擴張。

西元前471年帕布里利法規（Publilian Law）設置部落會議（Comitia Tributa）由地主參加，為一中產階級的集合。其決議案與貴族及騎士階級佔優勢的百人團體會議（Comitia

Centuriata）者同樣有效，平民立法機會增加。保民官由二人增至五人也可能出自此一法規，西元前457年更增至十人。

　　羅馬早期的法律為一部落風俗，君主敕令，及祭司指示的綜合，由貴族擔任的祭司記錄及解譯。記錄秘密收藏，常為適應宗教及貴族權宜而擅自修改。平民不知其內容詳情，恐誤蹈法網，要求制定成文法以便知所趨避。元老院長期拒絕後，終以眾怒難犯，於西元前454年選派三貴族赴希臘考察。返國後，西元前451年全民大會選舉十人（Decemviri）授予最高大權制定法律，任期兩年。草案經全民大會修改通過，書於十二牌上，公佈於公共集會的廣場（Forum），是即所謂十二牌法（Twelve Tablets）。人民成為法律來源，執政及一切官員必須依法行事，法律與命令完全分開，法治精神從此樹立。此後法律內容及司法程序逐步改善，成為近代世界上文明國家司法

方面重要典範。然而戰爭緊急之時，生死俄頃間不容髮，為求行動快速有效，必須賦予統帥最高威權。軍事措施恐敵方窺察亦不能任由民眾觀察議論，是以平時法律不能及於軍事。十二牌法制定後，軍事方面仍由掌管軍事的執政或獨裁者以軍令從事，軍法民法亦從此劃分。

西元前449年威勒瑞奧浩瑞希安法規（Valerio-Horatian Laws）規定保民官可坐於元老院門內長凳上聆聽討論，宣布保民官的身體為神聖不可侵犯（Sacrosancti）。執政自行任用的二財政官（Quaestor）增為四人，二人一組分別管理軍事及財政，由部落會議選出，投票分區進行，平民有更多選舉官員的機會。

西元前445年坎紐利安法規（Canulein Law）規定由百人團體會議選出六軍事保民官（Military Tribunes）代替執政職權，任期皆與執政相同，貴族平民皆可擔任，唯平民出身者不能在元老院發言，軍事保民官不能如同執政可於戰勝後舉行凱

旋禮。西元前444年至367年間共設軍事保民官五十次，執政僅二十三次，貴族乃設置檢查官（Censor）以節制之。檢查官共有二人，由貴族充任，任期不得超過十八個月。其任務為登記公民的年齡及財產，據以決定其公民資格及賦稅負擔，進退元老，決定騎士及平民的身份地位，執行過去由執政執行四年一次的戶口調查。此一法規並確定貴族與平民間的婚姻合法化，子女的身份依其父的階級而定。

西元前421年平民可任財政官（Quaestor），但現有資料顯示直至西元前409年四位財政官中始有三位平民當選。

西元前367年李辛尼安法規（Licinian Laws）廢軍事保民官，規定執政之一須為平民。在公田放牧不得超過百牛及五百羊，每人租用公田不得超過五百朱格拉（Jugera，五百朱格拉約合三百英畝），地主必須僱用與奴隸成一定比例的自由人耕種，債務人可在債款中扣除已付利息並訂定付款條件。

西元前356年平民可任獨裁者（Dictator）。

西元前351年平民可任檢查官。

西元前342年規定一人在同一年內不得兼任兩職，同一人在十年內不能兩次擔任同一職位。前一事曾嚴格執行，後者則有若干例外。

西元前339年帕布里利安法規（Publilian Law）規定檢查官之一必須為平民。

西元前337年平民可任司法官（Praetor）。

西元前312年允許無產階級加入部落。

西元前304年規定財產在三萬賽斯特（Sesterces，三萬賽斯特約合目前的三萬美元）以下的奴隸被解放後的自由人（Freedmen）及無產階級加入四個城市部落（City Tribes）。鄉村部落的成員仍然為擁有土地的自由人及土地在三萬賽斯特價值以上的奴隸被解放後的自由人。

西元前300年，大祭司（Pontifex）由五人增至八人，占卜官（Augur）由六人增至九人，貴族平民皆可擔任。

西元前287年規定部落會議通過的敕令與全民大會所通過者同樣有效，即使與元老院的決定相反亦可成立。

西元前265年馬西安法規（Marcian Law）禁止任何人兩次擔任檢查官，保民官不再坐於元老院門內凳上，而與其他官員同坐並參與討論，雖與其他官員同樣不能在元老院投票，但可召集元老院，提出建議，參與立法。

平民與貴族至此在政治及法律上已完全平等。但選舉需錢，官員亦無薪給，平民限於財力難以任官，廟堂之上絕大多數皆為貴族。富有平民顧及自身利益常與貴族聯合制止激進立法，甚至保民官依賴富有平民支持亦成保守力量。羅馬的共和政治基本大權雖在全民，事實上卻由元老院領導。元老院的決定習慣上全民大會即行通過，而成為法律或政策。但在擁有地中海沿岸領土之前，一般元老頗能公忠體國，長期在職經驗豐富，主持戰爭，外交等事大體上頗能得宜，不但贏得著名史學家吉本（Gibbon）高度讚揚，美國國會地點及參議院亦以羅

馬者為名，共和政治的影響直至今日。惜乎由於帝國主義的擴張，四百年後終於名存實亡。

共和初期的社會政治及軍事概況

一、社會

社會以家族（Clan）為基本單位。集若干家族為一小組（Curia），各有其祭司（Flamen Curialis），為徵兵徵稅的單位。集小組為部落（Tribe），全國共三十五個部落。依居住地區劃分，居民絕大部分以農為業，以土地為重。對外戰爭皆為爭奪土地，一旦獲得即分給人民擴大耕地，所謂「以劍取之，以犁守之」。土地最初屬家族共有，家長操生殺予奪之權，以後逐漸改為個人私有，貧富有別，大地主常以土地給予無產的佃戶耕種。土地有農牧之分，牧地為國有不屬任何家族，政府

用以飼養祭祀及其他用途的牛羊，牛羊來源為處罰有罪者所得，一般人民亦可在公地放牧，繳納部分牲畜以為租稅。

　　人民在身份地位上有貴族、騎士、平民及奴隸等階級。貴族以建邦之初大族領袖後人自居，號稱「帕垂杞」（Patricci），在政治上佔盡優勢，但生活簡樸，布衣粗食，亦農亦武，在知識及經驗上居於領導地位，平民對之極為敬服。騎士階級為平民中的富有者，除為大地主及富商外，亦為政府代徵賦稅，稱「包稅商」，戰時服騎兵役，亦可充任元老。平民階級包括農人，小型工商業者，外邦歸化人士，奴隸被解放後的自由人（Freedmen），以及所謂「門客」（Client）。門客以上層社會家族為保護人（Patron）換取土地耕種及保護，一切唯保護人之命是聽。平時聽其驅使，戰時隨之出征，選舉時依其指示投票，為羅馬社會上的特有型態。

貴族、騎士、平民皆具公民身份，奴隸則無之。王政時期奴隸人數不多，待遇亦較優厚，常被主人視同家人。以後對外戰爭頻繁，戰俘人數日多，出售為奴，待遇江河日下。主人可以對之鞭笞、囚禁、出售甚至殺害，全無法律保障。偶有少數具有才學者可以擔任教師、演員、工藝匠人、商人或藝術家，所得除付給主人外，尚有餘款用以贖身成為自由人，獲得公民身份，加入平民階級。

二、政治

政治上基本大權雖在全民，卻由元老院主導一切。初建共和之時執政雖可繼續擁有君王威權，總綰行政、司法及軍事事務，但一切行事皆須先經元老院同意，再由全民大會認可，不能獨斷獨行，況且任期只有一年，日後又可充任元老，一般情況皆以元老院意見為主。以後由於民權擴張，市政官、財政

官、司法官、檢查官皆由民選，各有所司不受執政指使。執政所有的司法、財政、市政及指定元老之權陸續消失，雖為元老院主席，僅能執行元老院決定的事務，偶然與元老院意見相左，亦難與之抗衡。保民官亦日趨保守，成為支持元老院威權的一員，偶有相反意見，迅即為同僚否決。元老院擁有決定政策、延長執政及司法官在羅馬城以外任期、指定當選官員特殊任務、建立殖民地、分配公田、宣戰、媾和、結盟等大權，更可拒絕執行全民大會敕令，成為政治上實際領導的機構。

共和政治之下唯一能與元老院抗衡的是全民大會。全民大會最初以小組（Curia）為單位召開，全體公民參加，君主統治時期僅能執行君主的命令，無任何權力。建立共和後選舉官員由軍人組織的百人團體會議（Comitia Centuriata）擔任。該會並可通過或否決官員及元老院提出的議案，接受對官員判決不服的上訴，審理公民被控的重大刑案（Capital Crime），以及

決定宣戰、媾和等事件。原有的小組會議（Comitia Curiata）僅司給予當選官員統御權（Imperium），退居不重要地位。百人團體會議由執政或保民官召開，無提案及討論權，僅能投票表決官員或元老院提出的議案。表決以每百人團體為一票，按階級高下次第舉行。首先由貴族、騎士組成的十八個百人團體投票，其次是平民中最富有的所謂第一級（First Class）的八十個百人團體。以下依財富遞減的二、三、四、五等階級合共僅有九十一個百人團體。第一、二梯次投下九十八票後已佔全體多數，其餘諸人即使不同意也無能為力，其決定常具保守性。一般平民不滿，西元前471年另組部落會議（Comitia Tributa），由小地主參加，為一中產階級的組合，其議決案與百人團體會議者同樣有效，頗具制衡作用。

百人團體及部落會議雖可制止元老院的決定，但因疆土日益擴大，眾多公民移居他處，集合之時僅有居住羅馬及其附近者參加，對國家整體事務的利害關係感受較少，易受當局意見

影響。元老院又用盡心機操縱選舉，萬一當選的人不合其意，亦可由與其利害相同的宗教團體出面以鳥飛等特殊徵兆為藉口使選舉無效，是以元老院多方運作的結果常可為所欲為。

三、軍事

羅馬人以十六歲為成年，公民身份及服兵役期限亦同時開始。軍隊有騎、步兩種，以百人為一單位（Century）。以後人數雖有增加，仍以百人團體相稱，由百夫長（Centurion）率領，合若干百人團體為一師（Legion）。共和初期每師有四千二百步兵、三百騎兵及各種輔助軍，以後續有增加。貴族及騎士服騎兵役，自備馬匹及甲冑武器，依財富多寡有重甲、輕甲之分；最貧窮的人僅備石塊及投石器。

男子孩童時期即接受嚴格軍事訓練，吃苦耐勞，以懦弱為不可原諒的罪惡，犯者遭受鞭韃，重者至死亦無人以之為過。作戰時，統帥有絕對權威。臨陣脫逃或不遵命令，統帥可以將

之處死。軍士無薪餉，但可依階級高下分享戰利品。不作戰時從事勞役，道路營房皆由軍士自建。農業社會家國利害一致，一般人民有濃厚愛國心，兼以服兵役既為公民義務，亦為其特權，軍士榮譽心重，作戰時人人奮勇當先。每師自有不同軍旗，視為榮譽標幟，一旦陷敵，誓死爭回。戰況緊急之時，曾有將領故意將軍旗擲向敵方，軍士奮勇爭奪，常能轉敗為勝。

疆域擴張與內部變遷

共和初期，元老院領導相當得宜。上下階級之間雖有摩擦，劍拔弩張之際，雙方都能懸崖勒馬，妥協收場。國泰民安，兵強馬壯之餘，不斷向外擴張，遠交近攻，逐漸征服義大利半島其他民族。由於羅馬與被征服者多年相處地醜德齊，直接間接均有相當瞭解及尊重，一旦征服即以統一為名，給予當地極少領袖人物全部公民身份，其餘人民亦視征服時的情況給予高下不等的部分公民權。最優者可獲所謂「拉丁權利」

（Latin Rights），除無選舉及被選權外，其他方面可與羅馬人相等；最下者僅能與羅馬人同樣當兵納稅。但是既有同為羅馬人的稱號，被征服者的自尊心可以相當滿足。各地所受待遇不同亦可收分化之效。由於獲得全部公民權的人數極少，原有的羅馬人仍可高高在上，以統治者自居。羅馬又將公民大量移居各地，給以田產，世代相守，形成農業殖民。一旦地方有事，公民守土有責，保家衛國，盡心竭力，不需養兵之費，卻有駐軍之實。羅馬日漸增加的人口壓力亦可因以紓解。日久與當地文化交流，逐漸同化，產生如同一家的親切感。是以義大利半島統一之後，百餘年間甚少叛變。

羅馬統一義大利半島後，益增富強，軍隊儘量徵發，可得七十七萬眾。得寸進尺，藉故又向西西里（Sicily）島擴張。西西里島西半部為腓尼基人（Phoenicians）在非洲北岸突尼斯（Tunis）地帶所建的迦太基（Carthage）城邦的殖民地。迦太基農工商業俱甚發達，既富且強。陸軍除騎兵、步兵外更有象

隊。海軍雄霸西部地中海，自詡不得其允許，任何人不得在其領海中洗手。本國徵發的公民兵、殖民地貢獻的軍隊以及召募的傭兵估計最多可達四、五百萬眾。羅馬出兵西西里島後，兵連禍結，與迦太基斷斷續續發生三次所謂布匿克戰爭（Punic Wars），戰爭期間羅馬數度瀕於危亡。所幸迦太基的軍隊及財力雖然強大，政治及社會情況卻遠遜羅馬。迦太基亦為共和政體，執政者多為富商巨賈，唯利是圖，常常不顧國家安危，決策短視，兼以社會上貧富懸殊，平民常對政府不滿，執政者也對平民多方防範。出身平民的名將哈米爾卡（Hamilcar）、漢尼巴（Hannibal）父子因遭當局猜忌未予全力支持使其直搗黃龍，以致先後功敗垂成。第一次（西元前264-241年）、第二次（西元前218-202年）羅馬皆獲最後勝利，第三次（西元前149-146年）更將迦太基城犁為平地，迦太基從此在地球上消失。第二次布匿克戰後，羅馬接受迦太基大部分殖民地。挾雄霸西部地中海的威勢，乘東部地中海亞力山大帝國分裂後，亞洲西

部、埃及、馬其頓三個王國互爭雄長，戰亂不絕的機會將之各個擊破。西元前146年完成地中海沿岸絕大部分地區的征服，西元前133年黑海沿岸的帕加曼（Pergamum）王國自動併入羅馬，羅馬成為擁有整個地中海沿岸地區空前未有的大帝國，歐美人士至今為之追懷讚羨不止。

羅馬高高在上，統治整個地中海沿岸，顧盼自豪，躊躇滿志，不幸卻患了消化不良的重症。海外擴張百餘年間，內部政治、經濟、社會、文化都發生巨大變遷。其中失多得少，亂象叢生，導致顛覆全局的大革命，最後竟使世人艷羨至今的共和政治名存實亡。茲將各種變化及其衍生的問題分述如下：

政治方面，由城邦擴大成為帝國。負責立法的元老院卻因見識不足，貪污腐化，種種措施失當，弊端百出，除少數當權家族及其有關人士外，全國上下無人不怨。海外新征服地區，不論大小，大如除埃及外整個北非洲沿岸，小如科西嘉（Corsica）島，皆草草派一副執政（Proconsul）或副司法官

（Propraetor）率軍治理。頭銜雖有不同，職權則一，為行文方便姑且統稱之為總督，其轄區為省。羅馬官員無薪給，無事務官，任期大多為一年，各省總督亦如之。但轄地遠在海外，難顧家園，轄地除科西嘉及薩地尼亞（Sardinia）外常跨今日數國，無薪給、無事務人員，如何辦事？然則執政期滿必任總督，其他有力人士亦攘臂相爭，甚至賄賂元老請求派遣。原來省民皆無任何公民權，不受羅馬法律保障，總督可以軍令行事為所欲為。賦稅亦無一定標準，任由包稅商榨取。總督與包稅商聯手，予需予求，任滿之時腰纏萬貫，不但償還賄選費用，更可安享豪華餘年。元老院坐地分贓，絕大多數驕奢淫佚，不復當年的戒慎恐懼。常遣奴隸觀察政情民意，自己衣衫飄香，情婦圍繞，飲酒擲骰，不理政事。遇有訴訟案件非親自出席不可，挨到最後時刻始行露面，兩造陳述聽而不聞，有關文件醉眼難辨，草草判決，猶自感喟「可厭的人，與我什麼相干？不如佳餚美酒暢飲一番！」政風敗壞，有識之士為之憂心浩嘆。

各省民眾飽受總督及包稅商壓迫壓榨，弱者賣身為奴，強者鋌而走險，整個社會為之不安。第二次布匿克戰爭期間，迦太基名將漢尼巴縱橫義大利十五年，佔領大部分地區，羅馬無力自保，戰後竟將降敵之處全體公民權取消，與一般被統治者無異。義大利人在帝國擴張期間從軍作戰出錢出力，最後遭此不公待遇，異常悲憤，為爭社會地位，西元前90年竟然爆發所謂社會戰爭（Social War）。羅馬公民皆為健壯農夫，以前在義大利作戰尚可兼顧農事，長期出征海外，田園荒蕪，或遭豪強兼併，解甲之後無田可歸，致有「獸有其穴，所謂世界的主人竟無寸土可為自己所有」之嘆。絕大多數具有全部公民權的人淪為無業貧民，政局焉能得安？戰爭期間有功或壯烈殉國的將領如費比阿斯（Fabius）、福勒米尼阿斯（Flaminius）、西匹奧（Scipio）等人成為萬眾景仰的民族英雄，本人或其後人常獲連選連任，構成有力望族。政壇常為少數類似家族把持，互相援引，其他貴族及騎士等人被擯於權力圈外，對之極為不滿。

全國除少數當權者外，上下皆怨，共和初期國泰民安的好景不復得見。

　　經濟方面，由於疆土擴大，地中海成為內湖，海陸暢通，工商業迅速發展。但貿易範圍廣大，擁有大量資本的大企業佔盡優勢，舊有的小型工商難與競爭。工商業資本化的結果更延伸至於農業，富有之人大量收買土地，利用奴工耕牧，成本低廉，改善農田設施，收成增加，小地主難以立足。海外廉價穀物流入義大利，穀賤傷農，益以長期海外作戰，若干戰士失去田產，以農立國的羅馬，農村竟然日趨衰落。工商業雖然盛極一時，卻有許多隱憂。由於百餘年戰勝攻克，戰俘之中人才高下俱備，各省治理不良，貧苦民眾賣身為奴，落後地區被擄出售，奴隸數目大量增加，的洛（Delos）島一地自朝至暮可銷萬人。企業主人不需親自經營，只要購買奴隸即可一夕之間建立大規模工商機構。益以官商勾結，不依常規，高利貸、包稅商

成為致富捷徑。一旦政局不安，奴隸失控，工商業即行急劇凋零，農業亦隨之落後。是以西元五世紀末年，羅馬西方半壁土崩瓦解之後，西歐迅速呈現政治上分崩離析、漫無法紀，經濟大量衰退，社會上階級極端不平等，與羅馬極盛時期判然有別的封建局面。

社會方面貧富懸殊、家庭失序、道德淪喪、人口減少、奴隸眾多、盜匪如毛，往日的國泰民安不復得見。富者田連阡陌廣廈萬間，狂歡縱飲，食不厭精。酒席之上常置羽毛，酒醉飯飽之餘欲嘔不得，即以羽毛探喉，助其嘔吐，餐飲器皿更是窮極奢侈。征服地中海沿岸地區以前，一般家庭僅有盛鹽銀碟；建立帝國以後，上層社會擁有鏤刻精美、重達百磅的銀盤多達一百五十枚。以富有見稱的克拉薩斯（Lucius Crassus）曾以十萬賽斯特斯（Sesterces約合今日十萬美金）購買一對銀杯。奢侈之風擴及喪禮，出殯之時常常雜以表演，所費不貲。勒匹達

斯（Marcus Aemilius Lepidus）欲圖矯正歪風，嚴囑家人身後喪葬不得超過百萬阿賽斯（Asses約合今日一百萬美金），上層社會生活水準之高可想而知。男女關係更是淫亂不堪，離婚外遇司空見慣。西元前131年以家庭生活正常著稱的檢查官麥特勒斯（Metellus Macedoninus）勸導國人尊重婚姻，竟然說「如果能夠，我們真都不要這個包袱。但是自然界安排我們既不能舒舒服服地和妻子一起生活，又不能完全沒有她們，適當的辦法就是要顧及永久福祉而不是短暫舒適。」西元79年為火山灰掩沒的龐貝（Pompeii）古城遺址富商室內繪有春宮，宅門之上竟以雄性生殖器形象裝飾，淫蕩生活令人嘆為觀止。富貴人家的父母只顧尋歡作樂，兒女的教養全都交給奴隸。奴隸雖然可以將小主人照顧得健康有才學，卻無法管教他們的行為規範，導致上流社會的品德江河日下。影響所及，除農村生活尚屬正常外，一般社會常現行為乖張，兼以向海外擴張期間，許多新鮮娛樂隨之流入，其中舉國上下最喜觀賞的是鬥人鬥獸。

官員競選常常舉辦，以之爭取民眾支持。民眾免費觀賞，以人獸臨死的痛苦掙扎為樂，日久成習，人性為之殘酷無情。富者家庭失序，貧者難以成家。戰時人口減少無可避免，西元前159至131年承平期間，全國人口竟然自三十二萬四千減至三十一萬九千。羅馬以此少數主人翁統治整個大帝國，兵源缺乏，有事之時不得已引用蠻族，導致最後西半部疆土失控。由於貧富懸殊，民心不平。奴隸眾多，除有特殊才能者外，一般常在白晝遭受鞭打，夜晚披鎖而眠，非人待遇不堪忍受，遇有機會即行逃亡。貧者鋌而走險，逃奴亡命為盜。義大利境內多處盜匪出沒，行人為之裹足。奴隸殺害主人，佔據地方，時有所聞。最大一次奴隸叛變，佔據數城，控制整個西西里島，歷經三任（西元前134至132年）執政始克敉平。

　　文化方面，羅馬征服地中海東部希臘世界以後，大量吸收希臘文化。雖在百餘年後截長補短形成與希臘文化後先輝映千古艷羨的所謂希羅文化（Graco-Roman Civilization），但是

彼此生活方式不同，思想型態有異，短時間內難以融合，矛盾衝突問題叢生。羅馬正值多事之秋，更增紊亂不安。羅馬舊有文化除在政治、法律上有垂範後世獨到之處外，其他方面相當落後。凱撒（Gaius Julius Caesar）時代以前，沒有優美文學及華麗建築，宗教亦相當原始，科技哲學更無足論。對於希臘文化在征服希臘世界以前雖有接觸，影響不大，仍然保持獨具一格的拉丁型態。希臘世界淪陷之時，文化方面雖然已是夕陽殘照、缺乏創造力；表面看來仍然晚霞滿天、光輝絢爛。羅馬人羨慕之餘，不禁大量接受。上流社會的秘書、教師、醫生、技術人員幾乎全用希臘奴隸，本身也以通希臘語文、採用希臘生活方式為傲。羅馬人一向重視團體榮譽，守法重紀，偶有違犯也引以為恥。希臘人尊重個性發展，喜愛特立獨行但亦在情理之內各有所立，不容違法亂紀。羅馬人與之接觸後或因誤會或故意曲解，常將失德不法之事視為個性表現。因此政治上貪污腐化，經濟上詐欺勒索，社會上倫常失序、道德淪喪，種種

亂象益形嚴重。更有甚者,上流社會對海外接觸較多,以奴
隸為媒介吸收希臘文化較為迅速,思想行為逐漸脫離舊軌;下
層社會無緣及此,仍保固有型態。上下之間在原有利害衝突之
外,更加上惠不能下濟,下情難以上達之苦,一旦遇有亂事更
難安撫。

百年革命與共和政治的名存實亡

羅馬征服地中海沿岸地區後由於負責立法的元老院對於
新建帝國措施不當,本身亦日趨貪污腐化,少數家族互相援引
把持政權,召致全國上下絕大多數對之不滿。益以經濟、社
會、文化上發生巨大變遷,一時之間無法適應,弊端百出,問
題叢生。其中最迫不及待急需解決的莫如絕大多數平民的生活
問題,這些人本是健壯勤快的善良農夫,無辜遭受戰爭及國內
巨變,落得無產無業,衣食不周,憤懣之情可想而知。由於具
有公民身份,掌握選舉官員、表決法規以及對於最高上訴審理

等權，不加安撫無異埋下定時炸彈。其實解決之道也很簡單，只要分給田產讓他們自給自足也就相安無事。但是公田絕大部份已為元老院諸公及其有關人士佔有，又以統治者自居，視海外諸省為被統治者所居，不肯讓公民移殖，提高省區地位，遷延時日無法解決。西元前134年泰比瑞阿格拉喀斯（Tiberius Sempronius Gracchus）當選保民官，提出限制佔有公田、將多餘之田分給貧民，遭受當權的人反抗，以身相殉，從此揭開革命序幕，一波三折，長逾百年（西元前133至31年）始行結束，但是千古艷羨的共和政治卻為之實質消失。茲將重要革命事蹟及政治演變經過分述如下：

一、格拉喀斯兄弟的土地及政治改革

泰比瑞阿格拉喀斯自幼承受德高望重的雙親及親友影響，愛國愛民，以拯救貧民及義大利地區為己任。當選保民官後提出類似恢復西元前367年李辛尼安法規的議案，限制每人佔有

公田最高數量為五百朱格拉，其子每人可有二百五十朱格拉，全家所有不得超過一千朱格拉；多餘之田分給貧民及義大利盟友，每人三十朱格拉，可供一家食用，但需作為農地耕種，僅付少量租金，可以永久使用。保民官有權召開全民大會，會中自然歡欣通過，並設置三人小組調查公田使用情況並加以重新分配。所選三人，一為泰比瑞阿，一為其曾任執政及檢查官的岳父克勞地阿斯（Appius Claudius），一為其弟該阿斯格拉喀斯（Gaius Gracchus）。三人德高望重，實為最適當人選。但元老等人以其皆為至親，加以三人曾遭襲擊，為安全起見在公共場所出現時隨帶扈從多人，以及泰比瑞阿曾在全民大會請求表決罷免否決其提案的另一保民官等等行徑，宣稱泰氏將以王自居。一般民眾愚昧浮動誤信貴族之言，泰氏競選連任時意見分歧。元老院集會時貴族多人竟以凳腳、木棒將泰氏擊斃，屍體及從者三百人被投入台伯河中。廟堂之上流血屠殺為羅馬前所未有不法之事，革命浪潮從此一發不可收拾。

泰氏死後，元老院雖獲一時勝利，但處理公田之事因獲全民大會通過不得不繼續舉行。六年之中公民人口為之增加七千六百人，但因執行小組行事或有不當之處，全民大會受反對者影響竟於西元前129年通過敕令暫停小組職權，分田之事交由執政辦理，執政為貴族派，從此分田之事掩旗息鼓未見再行處理。

　　西元前123年該阿斯・格拉喀斯當選保民官，鑒於其兄的慘敗，深感局部改革難以成事，最大障礙在於元老院，正本清源必須削減元老院威權。元老院勢大，為得民眾堅決支持及騎士階級與之合作，在全民大會提案居住羅馬城的公民經過申請每人每月可以極廉代價購買五個莫迪（Modii約45公升）穀類，恢復分田，在達倫吞（Tarentum）及卡普阿（Capua）建立殖民地令公民租公田居住。給予騎士階級富裕的亞洲省分包稅權及法庭中陪審官位置，使其名利雙收。獲得平民及騎士階級大力支持後，將保民官任期延長為兩年。兩年之中對於政治、軍

事、司法、經濟均有重大改革，胸襟開闊，眼光遠大，未來帝國規模已經粗具。但最後所提移殖義大利人重建已經犂為平地的迦太基舊址及給予義大利人公民權，不但元老院反對，無知民眾誤信讕言，以為重建迦太基將使強敵再起，以及不願義大利人分享公民利益，未予支持其第三年連任。該阿斯任期屆滿之時，其支持者與元老院徒眾在元老院附近發生激烈衝突，該阿斯被殺，從者三千人據云全被處死。官方正式宣布該阿斯有罪，禁止向其悼念，甚至不許其母及子為其服喪，然而民眾仍以格拉喀斯兄弟為為民爭取權益的英雄烈士，常在二人死亡之處獻上宗教性祭禮。

二、馬利阿斯的軍事改革

　　該阿斯死後，元老院恢復控制，但因腐化且無能人領導，較該阿斯更需騎士階級及平民支持。對於騎士階級承包亞洲賦稅、擔任陪審官及出售廉價糧食等事繼續執行，其他該阿斯具

有遠見的措施則均被擱置。西元前119年正式廢除分田小組，分田工作陷於停頓，貴族將佔領的公田變為私產，土地兼併變本加厲，小農迅速消失，貧富更形懸殊。西元前100年公民之中富有家庭不到兩千，奴隸叛變經常發生，陸地海上盜匪如毛，行人裹足，船隻難行。

西元前112年非洲屬邦弩米底亞（Numidia）王室之一朱格薩（Jugurtha）為爭王位，對羅馬的處置不滿，發生叛變。羅馬軍隊應付此一落後分裂狀態的對手，常態之下可以旗開得勝迅速敉平。但因政治社會種種失常，富者安於逸樂不肯接受嚴格軍事訓練，貧者無力置備武裝武器，兵源減少，戰力大不如前。偶然獲勝，朱格薩賄賂元老更易將領，或者賄賂統帥按兵不動，局部亂事竟致遷延五年未得平定。西元前106年戰事方有轉機，率軍征伐的執政麥特拉斯（Guintus Metellus）任期將滿，希望爭取連任以竟全功。其副將馬利阿斯（Gaius Marius）返回羅馬本應為其助選，竟在全民大會歷數不應歸咎於麥氏的

軍隊弱點，並提出其改善之道。馬氏出身貧農，質樸率真，獲得民眾信任，不但選其為執政，更將原屬元老院的派遣將領之權攘歸全民大會，委派其為軍隊統帥繼續擔任平亂之責。此例一開，以後所有統帥均由民選，只要說服民眾即可獲得武力。加以馬氏執政以後建立募兵制度，軍隊由統帥召募，生殺予奪悉由統帥。馬氏曾在某次戰役給予兩團義大利兵士公民權，此舉嚴重違法，事後辯稱「殺聲震天之際，法律聲音如何能辨。」雖是戰況緊急之時為了鼓舞士氣權變之計，但是統帥之權大張卻是無可避免的趨勢。將士對於統帥畏威懷德，逐漸成為私人軍隊，以之奪取政權直若探囊取物。是以當十二鷹旗飄揚於羅馬山頭之時，共和政治已經不復存在。

馬利阿斯當選執政同時獲得軍權之後，次年即將弩米底亞戰事勝利結束。西元前113年日耳曼人（Germans）的辛布瑞（Cimbri）族越過阿爾卑斯（Alps）山與羅馬駐軍遭遇，羅軍戰敗，西元前109年再度威脅羅馬疆土擊敗羅軍。西元前107年

另一支維爾維諦（Velvetii）人入侵義大利西北部，羅馬執政郎吉納斯（Longinus）中伏戰死。西元前105年辛布瑞人結合赫爾維諦及條頓（Teutons）人大舉入侵義大利本土，羅馬全軍覆沒，舉國震動，惟恐漢尼巴之禍重臨。全民大會選舉馬利阿斯再任執政並兼統帥，任期五年（西元前104至100年）。五年之中數度大戰，截至西元前101年獲得全部勝利，條頓人遁走，辛布瑞人大敗之後從此不復見於史冊。

馬利阿斯的勝利得力於其軍事改革，改革內容主要為建立募兵制度。羅馬人長於農戰，一向以執干戈衛社稷為榮，苦於絕大多數公民陸續陷於貧窮，報國有心，執戈無力。該阿斯曾經建議由政府供給武裝武器，未能實現，馬利阿斯將之付諸實行。此後凡屬羅馬公民均可志願當兵，兵源大增，又將角力技術訓練軍士，改良作戰方法，軍力大振。過去各部落自成一軍，自建軍旗，此後將全國軍隊統一編制，以鷹旗為唯一旗

幟。羅馬帝國勢力所及之處，遍見銀鷹飛揚，流風餘韻，今日許多國家尚以巨鳥為軍隊標幟。

　　馬利阿斯平亂退敵，功勳彪炳，成為舉國共仰的英雄，平民更以之為唯一救星，一時之間其影響力可與貴族並駕齊驅。黨派對立益呈水火，雙方皆非今日的合法政黨，更無正式名稱，一般或稱之為共和黨與民主黨，或元老院派與改革派。茲為行文方便並免與美國兩大黨混淆，姑且稱之為貴族派及平民黨，後者簡稱為民黨。馬氏於軍事行動結束之後，一般民眾更仰望其大力從事改革。孰意馬氏將才雖高，執政能力卻極平庸，既乏改革魄力，又無應付手段，依違上下之間，既為貴族所忌，又令平民失望，任滿之後不復能獲連任，羅馬局面亦因循混亂如故。

三、薩拉變法與貴族勢力復盛

馬利阿斯下台之後，羅馬的局面既難改善，嚴重問題不斷發生。義大利境內與羅馬不同的諸民族自被羅馬征服以後，以統一為名各自獲得高下不等的公民權。既無力反抗，亦暫時相安，帝國擴張期間更出錢出兵全力支持。第二次布匿克戰時，迦太基名將漢尼巴縱橫義大利十五年，控制大部分地區。事後羅馬獎功懲罪，極少數忠貞不二的地區給與其人民全部公民身份；曾經降敵者則取消其所有公民權，成為被統治階級。自此以後絕大多數義大利人遭受苛刻待遇，行政事務任由羅馬長官處理，人民常以小過遭受鞭笞致死。該阿斯格拉喀斯任保民官時曾經建議給予所有義大利人公民權，未能實現，以後有人提出同樣主張亦告失敗。義大利人忍無可忍，於西元前90年舉兵叛變，參與者多為中產階級及小農，貴族及大富之人則仍效

忠羅馬。羅馬剿撫並用，執政薩拉（Lucius Cornelius Sulla）率兵平亂，通過法律允許尚未對羅馬宣戰的城市獲得全部公民權。內亂甫平，外患又起，西元前89年歲末黑海沿岸的龐塔斯（Pontus）王國入侵羅馬亞洲西部領土。全民大會推舉馬利阿斯為統帥，派兩保民官至薩拉軍中接收軍隊。薩拉拒絕交出，向軍士說明所奉命令時暗示馬氏將另組新軍禦敵。龐塔斯並非強國，羅馬得勝機會極大，高級軍官未表意見，一般軍士則貪功大譁，當場將兩保民官撕裂致死。薩拉率軍開回羅馬，馬利阿斯遁走。薩拉稍事安排，於西元前87年初出發東征，戰事相當順利，後方卻情勢大變。民黨重掌政權，並大殺貴族派。馬利阿斯當選第七任執政，就職後不久於西元前86年一月十三日病逝，民黨辛納（Cinna）繼續擔任執政。薩拉草草結束戰爭，於西元前83年再度率軍奪得政權。

　　薩拉鑒於羅馬屢遭亂事，殘破不堪，百廢待舉，要求元老院給予無上威權，大力整頓。元老院乃在全民大會提議予薩拉

以獨裁者職位，擁有生殺予奪之權，甚至可以變更國土疆界，委以對全國重新規劃重任。薩拉認為半世紀來羅馬之亂在於元老院失控，是以新法重點全在恢復元老院威權。但是元老院的組織實際上僅為羅馬城的市議會，城邦時代完全合用，統一義大利後亦可應付，統治環地中海的大帝國則嫌識見不足。加以腐化自私實難擔當領導重任，薩拉逆勢而行自然不會維持久遠。革命潮流銳不可當，二十年後這些措施多被陸續推翻，其中少數可以垂之久遠的是司法改革及市政制度的建立。司法方面將民、刑案件分開處理。民事訴訟由單一法官審理，刑事案件則由陪審團為之，以昭鄭重；重大案件另組特殊法庭審判，不再由全民大會處理。此等改革實為司法上一大進步，後世若干國家亦以之為師法。社會戰爭結束以後，義大利人全部獲得公民權，不再任由羅馬官員處置，乃效羅馬方式建立市政制度，每城有一類似羅馬元老院的百人會議，及類似全民大會的

公民大會（Citizen Assembly）表決法規、選舉官員。官員亦如羅馬各有專司，首席官員類似羅馬執政，職權與之相同。城市地位在羅馬之下，雙方措施如有矛盾差異之處，則以羅馬者為主，地方讓步，自此以後義大利人與羅馬可以彼此相安。

　　薩拉當權期間曾對民黨大加報復，公開宣布黑名單，懸賞鼓勵告密。據說名列黑名單的人高達四千七百，株連致死者不計其數，其中不乏挾私報復，或貪圖其財富故意陷害者。民黨之中稍具聲望地位者全遭毒手，全國除一二軍人反抗失敗外無人敢攖其鋒。薩氏亦於西元前81年新法完成後自動放棄獨裁者大權，當選為次年執政，西元前78年更自動下野，次年逝世。

　　四、凱撒獨裁與共和政治的終結

　　薩拉死後，元老院威權雖暫時恢復，但腐敗自私，以及缺乏傑出領袖人才，欲振乏力。各方亂事繼續發生，最嚴重的

莫過於內部治安及外敵入侵。奴隸叛變層出不窮，盜匪如毛，羅馬附近除非聚集多人不敢任意行走。地中海上，海盜組織王國，船隻非向其繳納錢財無法通行。西元前74年龐塔斯再度寇邊，鄰近的阿美尼亞（Armenia）亦乘機入侵。西元前67年全民大會選舉曾在奴隸叛變中立下戰功的龐培（Gnaeus Pompeius）為獨裁者，任期五年，授權在地中海及沿岸五十哩內便宜行事。龐氏不負所托，不到三個月（89天）將全部海盜肅清。東方局勢轉劣，全民大會又委以征伐大任。西元前65年勝利結束戰事，將羅馬邊疆自幼發拉底（Euphrates）河擴張至底格里斯（Tegris）河畔，為羅馬增加三省。五年任期屆滿，以義大利全屬公民所在不能駐軍，將軍隊留在境外，輕車簡從返回羅馬。滿以為戰功彪炳，聲望如日中天，可以順利繼續取得政權。執意元老院恐其得勢實行專制獨裁，不但不續付重任，對其承諾戰士分田、對外訂約及新增三省一切措施多方掣肘，遲遲不

予通過或執行。龐氏投閒置散，徘徊經年一籌莫展，失望之餘為凱撒拉攏，聯合克拉薩斯（Marcus Crassus）組成三頭政治（Triumvirate）。

所謂三頭政治並非正式政體名稱，而是三人之間私下結合共同把持政權。三人之中以龐培聲望地位最高，但龐氏雖然善戰，政治才調卻極平庸，依違貴族平民兩黨之間未得任何一方有力支持。克拉薩斯出身中產階級，不擇手段以暴力欺詐成為巨富，經由拉攏及收買獲得徒眾，擁有相當勢力。因欲在東方省分包稅未遂對元老院不滿，但與龐培同為執政時反目成仇，若非凱撒居間協調無法合作。凱撒出身貴族世家，先世據說與古代王室有關，但因馬利阿斯為其姑丈，妻子為民黨中曾經四任執政的辛納之女，本身亦不直元老院所為，是以開始從政即站在民黨方面。薩拉大殺民黨之時，凱撒亦倉皇逃遁，後經親友在薩拉面前為之緩頰，薩拉以其年輕且在民黨亦無顯著地位

將之赦免。（凱撒生年一說為西元前100年，一說為102年，當時僅二十歲左右。）

　　薩拉死後民黨勢力又形恢復，但政出多門，力量分散。凱撒僅為其中領袖之一，力量不足實現其雄心大志，乃展現其卓越組織才能，將龐培及克拉薩斯兩位水火不相容的宿敵拉攏一起共謀發展。以龐培在其軍中舊部的人脈及克拉薩斯的人力財力支持凱撒當選西元前59年執政，為龐培順利解決其分田、訂約以及處理新增三省事務等問題。一年任滿之後凱撒出任高盧（Gaul）總督，任期五年，龐培先後以分田及糧食供應名義坐鎮義大利。三人聯合，貴族派一籌莫展，有人曾經寫道「我們各方面都被『將軍』（checkmated），為了畏懼死亡及流放，對於自由已經絕望，每一個人為之長嘆，卻無人敢於說話。」西元前55年龐培及克拉薩斯擔任執政，任期滿後龐培擔任西班牙總督，克拉薩斯擔任敘利亞總督，為期均為五年，凱撒

任期亦再延長五年。克拉薩斯本來想在財富之區的敘利亞繼續發財及伺機立下戰功增加政治資本，不幸在西元前53年與安息（Parthia）作戰時中伏被殺。凱撒在高盧七次出征，剿撫並用，將一向多事的高盧完全馴服，甚至準備進而征服萊因河對岸的日爾曼人，聲望之隆如日中天。龐培對之相形見絀，逐漸為貴族派拉攏，西元前52年獲得獨裁者職位，某次病癒，羅馬竟為之隆重慶祝。龐培被捧得飄飄然之餘又對凱撒在羅馬人心中日漸增高的地位心懷嫉妒，西元前50年，貴族派於凱撒任期未滿之時，以高盧戰事已經終止不需凱撒再作停留為藉口將其召回，龐培竟未認真阻止。凱撒要求競選下任執政，貴族派又以其本人不在羅馬不能參選加以拒絕，忍無可忍之餘於西元前49年帶兵返回羅馬。龐培及大部分元老逃往希臘半島，凱撒趕至義大利東岸欲與之協商避免衝突，未果。羅馬人選其為執政，授權征伐叛逃，內戰開始。龐培兵敗，逃往埃及為埃及

王所殺。元老餘眾退往北非弩米底亞與弩王朱巴（Juba）聯合反抗。西元前46年塞普薩斯（Thapsus）一戰，貴族派失敗，領袖人物卡圖（Cato）自殺，內戰結束。凱撒被選為任期一年的獨裁者，西元前44年改為終身任期，兼任保民官及總司令（Imperator），任期均為終身。集軍、政、立法大權於一身，名為共和實同專制，可以放手對將近百年的亂局作一全盤整頓。

　　政治方面，凱撒雖然掌握一切大權，但對政敵既往不咎，甚至任其仍任原職。內戰勝利之後，在敵方發現的文件不加檢閱即行銷毀，以免其中有關人士畏懼立場暴露不能自安。薩拉、龐培、卡圖等人座像仍在公共場所甚至元老院中置放以示尊重。用人唯才不分黨派一秉大公，但對革命期間聚眾要挾政府、影響選舉的政治性結社（Clubs）不論其立場屬於貴族派或民黨一律嚴禁，現有者立加解散。慎選各省總督，延長其

任期，可至二年甚至二年以上，以便其對應興應革的事有所作為。軍政、民政劃分，各歸中央統籌辦理，總督不再一手包辦。廢包稅商，由稅務人員按一定稅率徵收。稅務人員位列政府官吏，基於責任心及榮譽感可以不致唯利是圖。又有一定稅率，不致對人民任意壓榨。

軍事方面，解散從龍舊部，授予田產，使其解甲歸田。以後從軍的人，服役期限可以分期執行，以免長在軍旅與平民生活脫節。增加軍隊數目，駐防邊疆，捍衛國土，境內則全由法治，不置一兵一卒。本人除自古即有的扈從（Lictors）外，並無衛隊，以示不以武力威脅民眾。至於建造軍營使軍民分開，民眾生活不受干擾的計劃則因不久被刺，至其逝世以後始克實現。

經濟方面，統一貨幣通商惠工，鑄造金幣用於全國，各地原有貨幣按一定比例與金幣同樣使用。大量修建道路便利交通，「條條大路通羅馬」之說自此方能開始。限制奴工，地主

必須僱用自由勞工若干人，與奴隸成一定比例，最多可達全數之半。大量分田，移民於海外各地，公民所在的城市可仿義大利建立市政制度，各省的地位從此可以局部提高與義大利相等。廉價糧食糜費公帑，養成人民惰性，本為該阿斯格拉喀斯為求平民支持所設的弊政。凱撒擬將之根本取消，以分田之法使貧者自耕自食恢復勤勞，減少政府開支，移作其他正當用途。數年之中領取廉價糧食的人由三十二萬人減至十五萬，凱撒如能終其天年，必可達到完全廢止的目的，可惜以後的統治者無此魄力不敢開罪貧民，以致弊政一直存在到羅馬滅亡。鼓勵農村生活，已獲分田的人必須耕種其田，二十年內不得出售。限制高利貸，規定最高年利率不得超過12%。放債者貸出之款不得超過其田產總值一定比例（可能為二分之一）。是以債主必須擁有可耕之地，促進農村復興，完全以放債謀利者可以因之絕跡。

社會方面，嚴格懲處離婚及淫亂行為，禁止過分奢侈的墓碑，限制衣紫及珍珠飾品，規定飲食最高價格，期能恢復善良風俗及儉樸生活。縮短兵役時間，元老階級人士除因公務外不得在義大利以外居住。適婚年齡的義大利人不得連續離開義境三年以上，育有數名子女的貧民優先分田，期能促進義大利人口繁殖。限制奴隸人數，規定牧地主人所用勞工之中三分之一必須是自由成人。減輕貧民債務負擔，免除所借債款利息，已付利息須自本金扣除，利息總數不得超過本金。以財產抵債者，須按內戰以前價值計算，以免承受因戰亂貶值的損失。

文化方面，兼容並蓄，期能融合拉丁、希臘及其他型態形成更高文化。宗教也非常自由，羅馬城內信仰猶太及埃及等教者皆可安居。本身亦兼希臘、羅馬之長，文采風流。東征時戎馬倥傯之間所傳「已至，已見，已經征服」（Veni, Vidi, Venci）捷報，千古傳為美談。凱撒兼任大祭司，掌管曆法。鑒於羅馬

當時所用的陰曆年久失調，時序錯亂竟達三月有餘，於是參考埃及所用陽曆，製定新法。以一月一日為歲首，於西元前45年正式啟用。西元1582年教皇格瑞格里十三世（Gregory XIII）加以修訂，許多國家沿用至今，我國民國以來亦予以採納。至於計劃之中的編纂法典及鑿通科林斯（Corinth）地峽等大規模工作，則因不久被刺未克實現。法典於西元二世紀初皇帝哈德瑞安（Hadrian）時完成，科林斯地峽則至今尚未鑿通。

　　凱撒一切措施有些僅能治標，未能治本。例如，義大利農村衰落原因甚多，分配公田給無產無業的公民，短時間內固然可以恢復相當繁榮，但是若干其他因素仍在，不久之後，小農又為大地主兼併，農村依然無法振衰起弊。社會風氣墮落，家庭生活失常，需要思想教育和居上位者以身作則，逐漸移風易俗，法律干預難奏急效。奴隸人數，借貸利息更難挨家考察予以禁止。但是既有法律規定，人民終究有些顧忌，百年亂局

可望逐漸恢復正常。西元前44年，凱撒意外被刺，內亂又起。他的養子屋大維（Gaius Octavius）擊敗群雄獨攬大權以後，除增設禁衛軍外，一切蕭規曹隨，無論治標治本都能暫時解決共和末期百病叢生的問題。人心厭亂，長達百年的大革命也就告一結束。凱撒創立的一切規模雖然大違民主初衷，但在帝國擴張以後絕大多數民眾缺乏參政能力的情況下，也可維持相當安定的局面。直至1453年東羅馬滅亡為止，羅馬國祚延續將近一千五百年，厥功不可謂之不偉，凱撒的名字也成為羅馬皇帝除奧古斯都（Augustus）外的另一尊稱。

凱撒在政治方面胸襟開闊，對政敵寬大，不以武力自保，是其最偉大處，但卻因之召來殺身之禍。西元前44年出席元老院會議時，仍任元老的敵人猝然發難。凱撒孤身抵抗，難敵眾手，竟以身殉。屋大維獨攬大權以後，鑒於凱撒之死，在義大利設置九團禁衛軍（Praetorian Guards），其中一團常駐羅

馬，出入扈從。刀槍之下，公民全無自由可言，共和政治以民為主的精神從此蕩然無存。西元前27年元老院更以具有最高敬意的奧古斯都相稱，其基本勢力所在的總司令（Imperator）也成為其多種職位的代表稱謂，身後更可指定繼承人。自此以後，父死子繼，形成家天下，直至另一強者以武力奪取大權，取而代之建立另一朝代為止。羅馬在政治上除仍保留共和國（Republic）之名，人民具有公民身分，以及統治者必須兼具總司令、執政、保民官等職始能取得合法大權以外，實際情況與我國秦始皇以至溥儀的帝制毫無兩樣。「總司令」一詞亦為我國史家譯為「皇帝」。治史者每以「共和時期」與「帝制時期」分別敘述羅馬兩段政治型態截然不同的歷史。共和政治名存實亡，醉心民主政治的人為之掩卷浩嘆。追源溯始，羅馬共和的消失，實肇因於帝國主義的擴張。我國幸有「王者不遠圖」的名訓，對外戰爭都是外敵入侵被迫自衛，從不主動侵犯

他人國土。數千年來雖有多次外患，均能堅持文化傳統，以天下興亡為己任奮起抵抗。屢仆屢起，自立自強，至今猶得屹立世上。揆諸史冊，實罕其匹！

英國議會政治及政黨的興起

西歐中古封建社會的一般情況

　　英國議會是封建時期貴族會議的演變。西歐中古封建社會各國都有類似的組織，惟獨英國在十八世紀發展出由議會主導的政治型態，與同時代歐洲大陸盛行的開明專制大相逕庭自是有其特殊的背景和演變情況。

　　擁有環地中海沿岸地區的羅馬帝國四世紀後半期由於轄地遼闊、邊疆多事，分由兩帝各治東西。五世紀蠻族大遷移，所到之處燒殺搶掠，西羅馬帝國備受衝擊；兼以人口不多，兵力

不足，不得已招撫蠻族，充實防務。476年蠻族領袖奧多阿塞（Odoacer）推翻西羅馬皇帝羅慕拉斯（Romulus）。表面上羅馬帝國重歸一統，事實上遠在君士坦丁堡（Constantinople）的東羅馬皇帝自顧不暇，鞭長莫及，西歐蠻族紛紛建立國家。但是大亂之後城市、道路大量破壞，工商業急劇凋零，舊有民眾淪為農奴，除基督教士外幾乎全為文盲。蠻族領袖無法徵收大量賦稅建立常備軍，除教士外更無足夠人才管理庶政，於是除自領一區外其餘領土分封部下；軍、民、財政一切任其自理，遇有軍國大事召集貴族會議共商執行。九世紀初，查理曼（Charlemagne）將其制度化，一般稱之為封建制度（Feudalism）。

封建制度並非成文法規，僅為亂世互保，彼此相約，草草形成的風俗習慣。各國之間參差不齊，甚至一國之內各地亦有大同小異之處。查理曼以後，西歐一般共認共守的約有下列幾項：

一、君臣間的關係

　　蠻族領袖佔領一方之後，一切均為己有，但無法直接管理；從龍之士及投降的有力人士亦需予以安置，乃舉行分封。受封者在封土之中，軍、民、財政自行處理。經過一定儀式，受封者發誓效忠，君（suzerainty）臣（vassal）關係正式成立。君主有保護臣屬及秉公處理臣屬之間爭執的義務，臣屬有出兵、出錢及出席朝廷事務的義務。戰時出兵多少，作戰若干時日，俱有規定。一般為每年四十天，人數及時間如須超過，條件另議。君主出巡、其子受封騎士、其女出嫁，臣屬均需予以資助，號稱助金（aids）。數目亦加規定，如需超過，須得臣屬同意，不能強行需索。君主有事徵召，臣屬必須應命上朝（court attendance）。出席貴族會議亦為任務之一，無故不至即被視為叛變。包括國王的貴族基本身份為騎士（knight）。

貴族子弟自幼習武，成年受封為騎士，平民有功受封者則絕無僅有。騎士無封土，僅有服兵役義務。每年時限亦有一定，如須超過，條件另議。

二、貴族與平民間的關係

平民均為貴族所有，分別屬於不同貴族。平民中絕大多數是農奴（serf），自由人（freeman）為數極少。農奴不同於一般所謂奴隸（slave），不能將之出賣，僅附著於主人所給予的土地之上，世代耕種，不能搬遷或轉業。每年將耕地上的產品繳納若干給主人，並須為之服勞役；但所繳產品數量，及服勞役的性質、時日，俱有一定。自由人可以搬遷轉業，亦由主人給予土地世代耕種，每年繳納定量產品，與農奴不同之處為不需服勞役。五至八世紀所謂黑暗時期（Dark Ages），貴族財力有限，生活水準不高，工商業無法發展。工業僅限於農暇手工製造，商業亦僅在於定期市集（fair）上的物物交換。自由人無

業可轉，如果遷至他處，無主人保護，生命財產隨時可被傷害搶掠，惟有仍在主人所給予的土地之上世代相守，實際生活與農奴相差無幾，有時所有耕地尚較某些農奴為少。

三、羅馬教會的地位

羅馬帝國自從四世紀初君士坦丁大帝（Constantine the Great）承認基督教合法後，配合行政系統，每一地區設一主教（bishop），重要地區設大主教（archbishop），頭銜雖較尊貴所轄範圍仍僅當地一區。最高宗教事務由皇帝親自掌管，宗教官吏由皇帝委派，宗教會議由皇帝召開，無所謂教皇（Pope）。羅馬主教為大主教之一，六世紀末該地大主教格列高瑞（Gregory）派遣奧古斯丁（Augustine）率領修士赴英傳教，在坎特伯瑞（Canterbury）設置教會，是為羅馬教會勢力向外擴張的開始。以後西歐蠻族領袖先後皈依，主教、大主教悉由羅馬教會委派，「波普」（Pope）一字亦成西歐基督教會最

高領袖尊稱。我國前輩學者將之譯為教皇，近年改稱教宗。蠻族領袖以馬上得天下，卻不能以馬上治國。羅馬教會本為羅馬帝國與行政系統平行的組織，高級神職人員瞭解政治，通曉法律，蠻族領袖以之參贊中樞，協助司法，頗收安邦定國之效，文書記載更非借重教士不可。政教之間關係密切，主教、大主教獲有封土，修道院資產豐富，所有教士俱有若干特權。平時合作無間，一旦發生爭執，羅馬教廷指揮各地分支教會如臂之使指，政治領袖僅能動員一方，教會常佔上風。十一至十三世紀教會勢力極盛之時，教皇常使政治領袖屈膝稱臣，神聖羅馬皇帝亦曾遭受廢立，教皇儼然是西歐太上皇。教皇直轄地區，所謂教皇國，最大時期包括整個義大利半島中部。然而教會內部亦隨權勢高張而漸趨腐化，終於導致十六世紀的宗教改革，新教脫離羅馬教會，教廷勢力大為低落。

四、城市

　　中古初期，西歐城市僅是軍事防禦的城堡和君主發號施令
的所在。君主經常巡查各地或是作戰，並無任何城市作為固定
首都。九世紀初，查理曼建立封建制度，逐漸普及整個西歐，
戰亂相對減少，貴族生活水準提高，需要較為精緻的物品。自
由人可以工商為業，貿易行為必須向當地領主納稅，領主為了
增加收入及交易方便，在城外劃定地區，給予每一工商人士一
小塊土地建築簡陋房屋，樓下營業，樓上住家，後院儲藏物
資或作工作場所。代代相傳，世守其業，店舖增至相當數量之
時，為了安全更於其外建築圍牆，成為衛星城市。領主稅收既
增，轄地廣大的貴族食髓知味，常另闢地區建立純商業性的
城市。由於陸地交通不便，大量物資最好用船運，是以河流兩
岸興起若干名城。城內事務領主無暇無能亦不屑管理，任由當
地商店主人組織公會（guild）推舉市長（mayor）自行管理。

最初每城只有一個公會，後來經濟繁榮，分工漸細，各自組織公會，數個公會共推市長，制定規範，建立法庭，處置會員糾紛，會員繳納會費，接受保護。為免競爭，境外人士絕難進入開店。原有店舖世代相傳，亦極力避免增加。物價、品質、作業程序、工作人員資格，均有嚴格規定。城內居民全為自由人，外地逃離農奴如在城中居住一年零一天，亦獲該地領主保護，成為自由人。交通不便，資訊難得，原有主人不易追捕，致有「城市空氣製造自由」之說。

五、司法

西歐中古政出多門，具有威權的人均可自訂法律約束受其管轄人士。世俗社會沿襲蠻族舊俗，皆以賭咒發誓証明清白及言語真實。貴族有過或有爭執，由君主處理，可以其他貴族參與陪審，如無法判斷，則以比武定曲直。最大過犯，死刑

之外，更將封土收回。平民有過或有爭執，由其主人審理，一般皆對有罪者罰款。人口為生產工具，地廣人稀，甚少處死。如自覺冤枉，可以熱鐵等物接受神驗（ordeal）證明清白。農奴任憑主人處置，自由人可以上訴於君主。但或因道遠，或受主人阻撓，真正得達者幾希！城市可以自設法庭，有罪者處以罰金，極少囚禁。羅馬教會參考羅馬法制定宗教法（Canon Law），注重人證、物證及證詞，為中古西歐最公平合理的法律。宗教法庭亦可處理若干世俗人士被認為與宗教有關的過犯，如偽證、婚姻、誓約等等。除悔過及以金錢贖罪外，重大過犯可以開除教籍（ex-communication）。中古西歐所有人士俱為基督教徒，開除教籍即為社會所共棄，無人可以與之來往，受之者幾如被判死刑，政治領袖更無法再令臣下效忠，惟有向教皇懇求悔過獲得赦免始可保持權位。十一至十三世紀教權極盛之時，英王約翰（John）曾為此向教皇因諾森三世（Innocent

III）稱臣納貢。其他君主，甚至神聖羅馬皇帝為教皇廢立者不在少數。開除教籍為政教之爭中羅馬教廷的最大利器。

英國的特殊發展

盎格魯薩克遜人（Anglo-Saxons）於五世紀進入不列顛（Britain）島，先後建立若干小國，知名的有七個之多，十世紀逐漸統一為英格蘭王國（Kingdom of England）。1066年虔誠信仰基督教的英王愛德華（Edward the Confessor）逝世，無有子嗣，親戚爭奪王位。愛德華的表姪諾曼第公爵威廉（William, Duke of Normandy）戰勝愛德華的妻舅哈羅德（Harold）入主英國，號稱諾曼征服（Norman Conquest），威廉亦被稱為征服者（William the Conqueror）。威廉及其繼承者將當時法國頗具規模的封建制度和優美文化帶至英國，為英國歷史上一個重要轉折，其後代子孫一直統治到現在。

諾曼第是911年左右法王為安撫入侵的北歐海盜羅洛（Rollo）所給予的公爵封土。該地無強大貴族，羅洛及其繼承者對於臣屬較其他領主嚴格，禁止臣屬之間私相戰爭，建築城堡亦須獲得公爵同意。威廉入主英國後嚴加對英控制，除將諾曼第舊制施於英國外，更將十世紀英王阿爾福瑞德（Alfred）用以賄賂入侵丹人（Danes）的丹金（Danegeld）加強徵收。1086年舉行土地調查（Domesday Survey）將英境所有土地面積、飼養牲畜等登記清冊（Domesday Book）作為徵稅依據，責成各地莊園主人（Lord of Manor）代為收取。

　　傳至亨利二世（Henry II, 1154-1189）由於家族繼承、婚姻及征服關係，除英國外，在歐洲大陸的領土約佔法國三分之二，實力超過法王。適逢法王菲力普奧古斯都（Philip Augustus）亦為一世雄主，瑜亮情結，明爭暗鬥，曾無已時。封建社會領主屬下的貴族經常有人蠢蠢欲動，安內攘外如全靠

武力未免捉襟見肘。亨利曾習法律，乃廣邀精通法律人士擔任巡迴法官（Itinerant Justice）。參考羅馬法改進原有的習慣法，建立普遍用於全英的通用法（Common Law）。自由人皆可購買法令狀（Writ）至巡迴法官處訴訟，廢除以比武定曲直，代之以陪審（Jury）。平民亦可由同階級人士作為陪審。當時的陪審實為證人，證明案情真相或互相爭執的財產誰屬，與今日英美等國法庭的陪審有所不同，但相當公平合理則無二致。平民獲得當時西歐其他國家未有的保障，對於君主感恩懷德，愛戴之情至今猶在。亨利二世以前，平民遇有過犯或彼此爭執均由其所屬主人裁決。審判者既非法律專家，又多自恃權威，常有誤判或私心自用故意入人於罪。亨利二世時平民既有選擇，自然群趨王室所派巡迴法官之處，貴族的司法權隨之大量削減。當時訴訟均須繳納訟費，有罪者亦多處以罰金，英王因之名利雙收。亨利馭下雖嚴，卻均依法而行，無形中為英國建立法治基礎。

叱吒風雲不可一世的亨利二世所生二子賢與不肖天地懸殊。長子獅心王理查（Richard the Lion Heart）被英人視為英雄模範，敬若神明。理查繼位之後，響應十字軍長期出征在外，國內事務均由其弟約翰（John）管理。約翰後亦稱王，掌權以來迫害貴族，壓榨平民，開罪教會，天人共憤。對法戰爭又遭挫敗，丟掉老家諾曼第。教廷以開除教籍相威脅，國內貴族蠢蠢欲動。約翰情急之下，向教皇因諾森三世（Innocent III）悔過稱臣，勉強獲得赦免。貴族卻已不願再忍，聯合反抗，陳兵京畿近郊，教會、平民均予支持。英國無常備軍，約翰號召民兵，無人響應。反抗者提出六十餘項要求，約翰不得已同意簽字，成立大名鼎鼎，後世常常引以為據的「大憲章」（Magna Carta）。內容瑣碎龐雜，以今日標準觀之不值一顧，但為封建時期首次限制君權的文件，頗具醒世覺人之效。其中一條含有「自由人非經其同一階級或依據法律的合法審判，不得將其拘捕、囚禁、霸佔強奪、放逐，或以任何方式加以損害」字句。

當時所謂自由人僅指貴族及自由平民，為數極微。以後農奴逐漸解放，「大憲章」即成對人權的普遍保障，美法等國均受其影響。

　　擁有英國查士丁尼（Justinian）之稱的愛德華一世（Edward I, 1272-1307）集合英國內外法學專家，由議會通過一連串議案變更法律本質，除意義未明殘存的基本法（Fundamental Law）外，首創「以法律（Law）變更法律」之制。以後雖有反覆，1688年光榮革命後已成定論。執行通用法的法庭由專業法學家組成，不復任用神職人員。此輩法學家群聚於君主指定的執法場所，在法庭附近的旅舍（Inns of Court）食、宿、研究。以後此等旅舍即成律師公會的所在及名稱。所有從事法律行業的人都要在會中取得合法資格，始能擔任法官或律師。僅自大學法科畢業，則無此機會。法庭中的年鑑（Year Book）亦在愛德華一世時開始，為非官方的法律程序書面報告。以法文寫成，將

法庭進行的一切情況逐字記錄，成為以後法學家的權威及靈感源泉，經歷三位愛德華（Edward I, II, III）統治，十五世紀時，英國司法情況已與今日近似。訴訟者選擇在御用法官（Royal Justices）前求取公道，貴族所有的私人法庭逐漸消失，貴族的司法權事實上亦不復存在，僅能使用家臣（Retainers）在王室法庭中恐嚇法官及陪審者而已。英王權威進一步擴大，法治精神亦逐漸建立。

封建時期地方分權，君主有所作為必須取得一方之長的貴族同意及支持，是以各國均有貴族會議，英國亦不例外。盎格魯薩克遜時期的貴族會議號稱威坦（Witan），就字面解釋是智者的集會。參加的有諸侯（Earls）、主教（Bishops）、王室官員（Royal Officials），及其他權貴（Magnates）。既無代表性，也非全為智者。集會時間，人數皆無定規，一切隨君主意願行事。但遇王死之後無繼承人，或有王位之爭時，可以決

定何者為王。不但可以不按習慣上的繼承次序，甚至可以另選王族。

1066年諾曼征服以後的貴族會議稱為議會（Parliament）。英國著名史學家卡萊爾（Carlyle）譯之為談話場所（Talking Shop），議會之名始用於十三世紀亨利三世（Henry III）時。由諸侯及英王左右重要大臣組成，為一封建時期君主的御前會議（Curia或Council），審理重要案件，討論行政、外交等事務，兼具司法功能。成員悉由君主選派，並無資格規定，人數亦多寡不等。亨利三世（1216-1272）時，間或自每郡（Shire）選派騎士（Knight）二人或二人以上參加會議，藉以瞭解地方人士所作所為，但非定制。1265年賽蒙（Simon de Montfort）爭位稱王召開議會，允許每郡每城（Chartered Boroughs）各派二人與會，愛德華一世以之為定制。中古時期，英國被選參加議會的人常視之為不得已的負擔，與今日眾多被選為法庭陪審

者的心情相若，為了節省費用常常放棄出席。城市尤其不願派人參加。愛德華三世（Edward III, 1327-1377）時遠道的德豐（Devon）地區某處甚至請求免派代表，獲得允准。地方代表的參與對於議會威信及決策的適當性極具強化作用。中央政府暸解地方情形，可以制止地方官員不當措施。一般民眾通過返鄉議員敘述朝廷事務，接受政治教育，知曉朝野互助的重要，更能促進全國團結。

　　愛德華一世時僅有一個議會，由國王坐於君主寶座，或由總理大臣（Chancellor）坐於羊毛袋（Woolsack）上主持會議，全體議員參加。平民代表除被詢問外不得發言，討論議案時亦不必被徵詢意見。於是平民議員常於君主不在場時退至他處，遇有意見閉門私議，認為有必要向君主大膽提出時，推舉一人代表發言，至今議會下院仍以發言人（Speaker）為議長頭銜。討論情形不敢留下片紙隻字，是以下院何時開始，早年

發展過程如何，完全無法得知。僅知愛德華三世（Edward III, 1327-1377）時下院已經成形，西敏寺（Westminster Abbey）的僧侶禮堂（Chapter House）亦被視為下院習慣集會之所。議會逐漸形成上下兩院，彼此運作程序亦有規定。下院取得財政及制定法律之權，甚至對於行政亦可偶然加以控制；但直至中古末期下院仍然未能形成獨立力量。有封土的貴族與教會上層官員組成的上院常使君主與平民兩者俱無能為力。上院之中，由於英國的主教及修道院長多半熱心宗教事務，不太注意政治情形，自愛德華一世至三世（十三世紀至十五世紀）之間，上院中教會人數自七十人降至二十七人左右，貴族佔絕對優勢。當時下院無一定主張，常為貴族利用，作為威脅王室、壓榨平民或彼此鬥爭的工具。英國自從諾曼征服之後，為免領有封土的貴族死後諸子繼承領地，土地分散，無力負擔對君主應盡的兵役義務，逐漸形成長子繼承制（Primogeniture）。次子以下

雖亦受封為騎士但無土地，必須出外為他人作戰換取酬勞；或學習農、商、法律等知識自謀生活，有時亦與平民互相通婚。下院之中鄉郡（Shire）議員多屬此輩，與上院議員非親即故，且在同樣環境中生長，對之瞭解亦無畏懼，遇有意見可以直接提出；是以上下兩院之間容易溝通，甚少敵對衝突。英國自從十三世紀以後朝野上下皆以議會為宣導政令、傾訴苦衷或權利角力的場所，利用和平方式處理問題，減少許多暴力動亂，為國家社會保存元氣。直至十五世紀末期英國議會全由貴族控制。1430年議會通過法案（Act of Parliament）規定鄉郡人士每年必須享有四十先令收入始能參加選舉。當時鄉紳以下的普通平民有此財力者為數甚微，無法參選，下院與人民間關係因之日漸疏離。對法百年戰爭期間（1337-1453）政府需錢孔亟，主要稅源所在的下院趁機擴充權利。上院貴族對之既能掌握，亦任其所為，不加猜忌。

蘭開斯特（Lancaster）與約克（York）兩大家族競爭王位的玫瑰戰爭（War of Roses, 1455-1485）兩敗俱傷，英國貴族勢力大減，王室卻以收回若干封土獲利。經過亨利七世二十餘年（1485-1509）的謹慎節約，亨利八世（1509-1547）得以足夠力量壓制貴族，集權中央，反抗羅馬教皇，從事宗教改革。如此巨大變革難免引起強烈反抗。亨利能夠順利進行，除建設海軍，推廣商業，甚至暗中鼓勵海盜劫掠他國船隻之外，最得力的手段為利用議會。壓制上院，拉攏下院，為其解憂分謗。當時上議院中能夠稱兵造反的貴族已經所剩無幾，亨利新封若干親信加入牽制。下院議員本無一定獨立主張，一般民眾對於貴族及教會的特權及不法或腐化行為久已不滿，亨利所作所為完全符合彼等利益，作為民間代表的議員們自然由衷支持。代表君主的總理大臣坐鎮議會主導討論，終亨利之世僅有寥寥幾件政府交下的議案未被通過，少數為下院加以修正，絕大部分皆

予以同意。朝野密切合作，巨大改革得以順利進行，致有「議會之中君主（Crown in Parliament）無事不可為」之說。

　　亨利八世於馬丁路德（Martin Luther）發動宗教改革時曾為文駁斥，卻因要求與皇后凱薩琳（Catherine）離婚，教皇未予批准，驟然宣布脫離羅馬教會，自任英國教會元首（Supreme Head of the Anglican Church）。除充公寺院財產外，教會內部組織、教義、儀式一切不改。初看似乎荒唐，全國上下除極少數外居然默默承受，自有其諸多背景。早在十四世紀神學家威克里夫（John Wycliffe）即曾對基督教教義有不同解釋，以為教士應當安貧樂道，不應擁有教會財產，並且倡導將聖經譯成英文使英人能夠直接領悟，當時雖經各方打壓但信徒甚多，號稱羅拉德（Lollards）。羅拉德以後屢遭迫害仍不絕若縷，為十六世紀宗教改革埋下思想及民間參與的種子。羅馬教會自從十一至十三世紀威權極盛之時逐漸呈現貪污腐化，馬丁路德

即因反對教廷強迫推銷贖罪券而奮起反抗。英國地處西歐邊陲，教廷所派的若干教會官員居然不赴任所，坐領教區收益，英人對之深致不滿。亨利之所為與一般俗人意見並不違背，而且由議會出面更得絕大多數民眾支持，當時八千教士之中至少有七千左右接受既成事實。亨利死後雖經瑪利（Mary，1553-1558）在位時短暫恢復舊教，伊利沙白一世（Elizabeth I，1558-1603）時又繼續宗教改革，教會組織仍舊不變，教義卻有自成一家的解釋。1559年議會通過法案確立英國國教的崇高地位，並以祈禱書中的禮拜儀式（Prayer Book）為唯一合法崇拜形式。基督教的拉丁文聖經文辭優美，但歷經千餘年語言文字變化，而且文中又多比配之語，解釋起來未免見仁見智。羅馬教會的解釋不為新教接受，英國教會之內亦多不同意見，其中的清教思想（Puritanism）逐漸偏離正統。新興強大的中產階級多半信仰清教，議會中的下院代表幾乎全為此輩。英國的宗教改革由君主倡導，英王又為英國教會最高領袖，議員中遇有宗

教上的不同意見不免引起與君主爭執，導致十七世紀議會爭權與清教徒對國教派反抗合流。

斯圖亞特王朝與議會革命

英國十七世紀的議會革命是一幕議會爭權，清教徒爭信仰自由，法學家維護通用法地位，三者匯合釀成君臣上下熱血橫流的慘劇。伊利沙白一世終身未嫁，死後由其表親斯徒亞特（Stuart）家族的蘇格蘭王詹姆士（James）繼承。詹姆士虔誠信教，學問淵博，由衷主張「君權神授，法由王制」，在蘇格蘭頗受愛戴。英人以伊利沙白晚年流於過分嚴酷，聞道賢君入主，額首稱慶，詹姆士蒞任途中英人夾道歡迎。孰意詹姆士即位之後不明英國國情，以為議會一如蘇格蘭者仍屬中古情況，對之未加尊重。英國議會久享若干特權，經過亨利八世及伊利沙白父女利用寵縱，更是志得意滿；一旦遭受冷落，自然滿懷怨望。然而人心厭亂，又自亨利二世以來養成尊君愛國的習

慣，終詹姆士之世隱忍未發。1625年詹姆士逝世，其子查理一世（Charles I）繼承，與其父思想一致。詹姆士寵臣巴金漢公爵（Duke of Buckingham）續掌大權。巴氏以新教英雄自居，對西班牙及法國均持敵對態度。查理1625年三月登基，六月召開議會，由於未向議會說明外交政策，雙方對立。議會拒絕授予政府徵收關稅中噸稅（Tonage）、磅稅（Poundage）的權力。次年召開第二屆議會，由於之前海軍遠征西班牙失敗，議會企圖以叛逆罪對巴金漢彈劾，查理不從，於六月將議會解散。1628年三月重新召開，巴金漢征法又敗，政府顏面盡失，議會提出權利請願書（Petition of Rights），要求不經議會批准不得徵稅，不得未經審判囚禁臣民，軍人不得進駐民宅，以及承平時期不得使用軍法。查理為欲換取五種補助金（Five Subsidies）不得已同意。次年一月召開第四屆議會之前巴金漢突遭狂熱清教徒刺殺。三月二日，查理下令休會。議員們將議

長按於椅上，強制通過議案譴責查理。查理以之為造反，解散議會，議會停開十一年之久。

　　詹姆士父子的君主專制思想不僅議會反對，法學家也對之不滿。他們認為亨利二世以來形成的通用法是以法治國，雖貴為君主亦應尊法守法，惟有議會始能制法及變更法律，與歐洲大陸學者奉行的羅馬法以君主為法律來源有別。十六世紀自義大利傳入文藝復興浪潮，雖有英國法學家精研羅馬法，但只能在大學講述，法庭實際應用仍為通用法。著名法學家柯克（Sir Edward Coke）雖然熱中權勢野心勃勃，甚至年輕時曾有逢迎拍馬仗勢欺人的行為，但由衷尊重通用法，寧可犧牲權位與下院合作維護法律尊嚴，權利請願書大部分出於其手。1632年查理將德高望重的下院議員埃利歐特（John Eliot）及其友人瓦蘭廷（Valantine）、斯楚德（Strode）逮捕囚禁。埃利歐特拒絕向不法程序屈服，死於獄中，成為法律及自由的殉道者。其

他二人十一年後始獲釋放。查理解散議會鏟除公平解釋法律的法官後，行動全然不受限制。其最得力的助手為原名溫特渥斯（Thomas Wentworth）的斯垂福德伯爵（Earl of Strafford）及坎特伯瑞（Canterbury）大主教勞德（Laud）。溫特渥斯曾是下院反對巴金漢的活躍議員，但內心深處卻不相信一個五百人的民選會議能夠統治一個龐大王國，野心勃勃欲圖效法法國的紅衣主教呂希留（Cardinal Richelieu）。適逢志同道合的君主查理，一改其當年支持權利請願書的態度，試圖推翻請願書中的原則。受任北方事務委員會主席（President of the Council of the North）之後，又被委以統治愛爾蘭重任，與勞德為摯友，二人攜手共同輔佐查理。勞德為一偉大教士，創始英國國教內的高教派（High Church）。嚴格執行教規，對違教者（Non-conformists）在教堂以外自行禮拜日益增加迫害，恢復精神法庭（Spiritual Courts），召喚具有影響力的世俗人士在教士面前承認罪惡。清教徒不堪忍受大量移民美洲，留在國內者積憤難

平，甚至國教的忠實信徒在必要時出而捍衛祈禱書的著名人士如福克蘭（Falkland）、海德（Hyde）等，也不以勞德的所為為然。

正當查理結束對外戰爭，節約用度，君臣協力擱置議會，實行專制之際，突然禍起蕭牆，蘇格蘭舉兵叛變。原來查理與其父同樣不瞭解英國之外，因為自幼生長英國對蘇格蘭的情況也不清楚。蘇格蘭約與英國同時由民間發動，貴族支持，進行宗教改革，改信新教，建立長老教會（Presbyterian Church）。以內部的民主方式由教士及俗人制定法規，獨立於政府之外，影響政治。查理將祈禱書及主教制推行於蘇格蘭，主教具有威權，且與英國同樣參加樞密會議（Privy Council），蘇格蘭教會大為不滿。蘇境民風強悍，貴族猶有強大武力。1638年年輕貴族蒙特洛斯（Montrose）支持教會領導叛變，重申「與上帝聖約」（The Covenant with God）。每一教區人士皆熱烈響應，流淚高舉右手簽字加入，感人盛況為十三世紀瓦勒

斯（Wallace）、布如斯（Bruce）抗英以來所僅有。格拉斯哥
（Glasgow）宗教會議中的俗人成員武裝參加，查理宣布解散
會議，議員不散，廢止主教，恢復原有的長老會形式。蘇格蘭
高地（Highland）最有力的戰鬥家族坎帕爾（Campbells）領袖
阿瑞爾伯爵（Earl of Arayle）支持格拉斯哥宗教會議，此後與
長老會及低地（Lowland）民眾聯合逾一世紀之久。與之敵對
的家族則傾向王室。當時蘇格蘭因為土地貧瘠，工商不振，常
派子弟出外從軍，曾助瑞典等地新教徒作戰，此時蜂湧返國，
以勒斯里（Alexander Leslie）為首加入陣營。此輩訓練有素，
軍容壯盛，1639年紮營於鄧斯勞（Dunes Law）準備爭奪特維
德（Tweed）通道。

　　1634年查理為重建海軍籌措軍餉徵收船稅（Ship Money）。
此舉本無可厚非，但當時英國無力干預歐洲事務，英人以為應
該置身事外，不必為此糜費金錢。1637-1638年漢普敦（John
Hampden）拒交船稅在財政法庭（Exchequer Court）熱烈爭

辯。法官們多數不以漢普敦為然，輿論大譁，查理不為所動繼續徵收。1640年四月十三日為籌對蘇格蘭作戰軍費不得已召開議會，下院反對重啟戰端，五月五日查理下令解散議會，被稱為「短議會」（Short Parliament）。開會時皮姆（Pym）曾謂「議會之於政治團體一如靈魂之於人的理性功能」。會期雖然短暫卻已顯示全國集體思想及力量。斯垂福德力疾掙扎，在其故鄉約克郡（Yorkshire）徵集可靠軍隊，未能阻止蘇軍跨過特維德河。是年八月蒙特洛斯佔領諾斯安伯地區（Northumberland）及德漢姆（Durham），要求撤軍條件及金錢。十一月再度召開議會，直至1653年始告解散，被稱為長議會（Long Parliament）。議會不但對查理加以譴責，且以叛國罪彈劾斯垂福德及其他大臣。查理企圖袒護未果，斯垂福德於1641年五月十二日被處死。議會提出「未經議會認可不得解散議會」及「船費等稅非法」等提案，查理亦被迫同意。議會經過一個時期休會，1641年十一月二十二日在倫敦復會，首先通

過「大諫書」（Grand Remonstrance），指責查理種種錯誤，要求君主的重要大臣必須是議會能夠信任的人，宗教方面事務亦應由議會決定。是年十月愛爾蘭叛變，天主教徒欲圖恢復其為英人佔領的田產。依法律及習慣應該授權君主組織軍隊平亂。議會恐查理一旦擁有軍隊又將自毀前諾。1642年一月四日查理下令逮捕一名上院議員及下院議員皮姆、漢普敦、赫索瑞提（Hazlerigg）、赫爾（Halls）及斯楚德（Strode）五人，並親率衛隊至會場「將他們揪著耳朵抓出」（to pull them out by the ears）。五人聞訊自議場階梯下船經泰晤士河避至倫敦城內獲得庇護，倫敦及西敏寺成為議會權力中心，劍拔弩張，與查理衝突之勢已成。查理逃至北方，內戰已不可免。

內戰弒君與曇花一現的共和國

1642年查理逮捕議會下院議員失敗，與議會決裂，逃至北方地區，招募訓練軍隊。貴族絕大部分響應，踴躍捐輸，被

稱為騎士黨（Cavaliers）。議會中下院議員及少數貴族反王，被稱為圓顱黨（Roundheads）。王軍以西、北邊疆地區軍力為主，大部分主教區及少數城市參加。貴族擁有財力、長於武事，戰爭初期聲勢浩大。又有查理之甥巴拉丁選侯（Elector of Palatinate）兼波西米亞（Bohemia）國王之子勇敢善戰具有戰爭經驗的魯伯特親王（Prince Rupert）協助，如虎添翼，戰爭常獲勝利。議會方面獲得絕大部分鄉紳及城市支持，尤以倫敦為最有力。一般農人則儘可能保持中立。每一城鄉皆兩黨並存，是以除雙方主力戰爭之外，若干地方性戰鬥亦獨立進行。戰爭初期議會方面以埃塞克斯伯爵（Earl of Essex）、曼徹斯特伯爵（Earl of Manchester）等貴族領軍，徵召私人軍隊如漢普敦之「綠衫軍」（Green Coats）等參加，人力財力皆稍遜於保王者，戰事常常失利。但議會擁有徵稅權，在東南最富地區徵收貨物消費（Excise Duties）、土地及財產改進（Improvement Assessment for Tax on Land and Property）等正常賦稅。兼以

蘇格蘭軍隊與之聯合，皇家海軍（Royal Navy）叛歸，費爾法克斯（Fairfax）男爵在其故鄉約克郡（Yorkshire）徵召清教徒號稱新模範軍（New Model），克倫威爾（Oliver Cromwell）在東安格利坎（East Anglicans）召募清教徒號稱鐵騎軍（Ironsides），一時軍容壯盛。以費爾法克斯為統帥，克倫威爾為副，享有正式薪餉，紀律嚴明，逐漸轉敗為勝。1646年六月二十四日王軍最後根據地牛津（Oxford）投降，內戰結束，查理被囚，議會控制全境。

　　議會掌控全局但處理不善，問題叢生，糾紛不斷。議會中絕大多數為清教徒，因與蘇格蘭教會軍隊聯合，除長老會外迫害所有其他教派，對失敗方面徵收惡人（Malignant）罰金。騎士黨的鄉紳們被迫出售大部分田產，習慣上日常誦讀的祈禱書又被禁止，憤懣之餘不免與約二千勞德派教士同病相憐。勞德過分嚴酷造成的教俗分裂至此又復癒合，鄉紳與牧師在政治上攜手合作。1646至1647年議會更通過議案對浸禮派（Baptists）

處以終身監禁，禁止俗人公開傳教。新模範軍中的獨立教派（Independents）軍官予以解職，更提議解散軍隊卻不付與適當數目的薪餉，迫使軍官、兵士及遭受迫害的各教派信徒緊密聯合，開始聆聽激進份子呼籲議會以普選趨向民主共和。1647年八月軍隊壓迫議會，為克倫威爾獨裁鋪路。軍隊與議會的爭執給予被囚國王有重新執政的希望，但查理堅持原則的作風使其與軍隊及議會均難合作，又不能信守承諾，坐失良機。1647年九月克倫威爾與埃瑞頓（Ireton）曾向查理建議可依自願在教會使用祈禱書，但主教不能加以強迫，以及不再沒收騎士黨財產，顯示極端妥協精神，實為最佳解決方法。但查理既無接受誠意，軍隊及議會亦認為對被征服者過於寬大。談判既無成就，克倫威爾與埃瑞頓為求自保，且自以為受上帝指示，不以軍隊統治必將陷入無政府狀態。是年十二月二十六日查理與蘇格蘭方面達成協議，蘇方支持其重掌政權。1648年第二次內戰爆發。八月，克倫威爾大敗蘇軍，開始主張弒君，大多數議員

不同意。十二月六日，克倫威爾命令部下普萊德（Pride）上校持馬鞭將反對者一百四十人趕出議場，號稱「普萊德的清除」（Pride's Purge）。剩下有「臀部議會」（Rump Parliament）之稱的少數議員於1649年一月二十日在西敏寺特設高等法庭對查理加以審訊。查理以英國曾有「國王不受任何司法機構審判」的規定，認為特設高等法庭非法。法庭不予理會，逕自於一月二十七日宣布以暴君、叛國者、殺人犯及人民公敵等罪將查理判處死刑，三十日執行。查理臨刑原諒所有加害於他的人，願以一己鮮血洗清英人所有罪惡，從容就義，為其子查理二世埋下復辟種子。

查理死後，克倫威爾以議會之名掌握大權，宣布英國為共和國（Commonwealth），自為「護國主」（Lord Protector）。愛爾蘭叛變，蘇格蘭擁立查理二世繼位，舉兵支持其在英復辟。魯伯特親王仍然掌握附近海面。海外殖民地維吉尼亞（Virginia）、貝巴杜（Barbados）拒絕僭越者

統治。馬薩諸塞（Massachusetts）自英國革命開始即以獨立州自居。荷蘭、法國、西班牙及所有歐陸強國均視弒君者為流氓無賴，鄙視英國以之為不值一文。克倫威爾卻於四年之內安定內部，戰勝荷蘭、西班牙，重振英國聲威。1649及1651年先後敉平愛爾蘭、蘇格蘭變亂。兩地與英統一於共和國之下，選派議員參加英國的議會，三地貿易自由互通，海外市場分享。愛爾蘭的新教受到保護，蘇格蘭的長老會仍受尊重，但不許其迫害其他教派及干預政治。法律嚴格執行，在強人軍力嚴格控制之下，全境平安無事。又以全力重建海軍，以布萊克（Robert Blake生卒年）為統帥，與荷蘭及西班牙貿易競爭發生衝突，均獲勝利，並自西班牙手中奪得牙買加（Jamaica），為此後在中南美洲發展重鎮。克倫威爾治蹟雖然輝煌，卻耗資巨大。雖有出售王室、貴族、主教田產，徵收惡人罰金及沒收愛爾蘭半數土地等收入，死時仍然負債累累。

克氏雖自議會發跡躍升一國之主，但獨裁專制，對於議會並不尊重。1653年以「臀部議會」不能完全同意其一切措施，將之解散。同年十二月在嚴格限制選舉條件之下選出的新議會仍難配合。此一議會因為議長適名貝爾邦（Barebone），字面意為「光骨頭」被英人譏為「光骨頭議會」（Barebone Parliament）。最後五年，克氏完全獨裁，法學家曾勸其為王，但軍中若干將領堅持共和，克氏猶豫未決。1658年九月三日逝世，其子理查（Richard）繼位，無法控制大局，議會擁立查理二世復辟。

查理二世復辟與光榮革命

克倫威爾死後，其子理查繼位。軍事將領互相爭鬥，財政拮据，民眾苦於重稅，清教徒當道而其他教派被排除於政府權力之外，怨憤不滿，種種問題理查無法應付。十七世紀的英國習慣於自古以來的君主政體，更不願受武力統治，有識

之士咸認惟有允許斯圖亞特王朝繼續在位始能免於內部陷入無政府狀態，以及海外帝國瓦解。毅然面對現狀的蒙克（George Monk）將軍乃於1660年領導軍中溫和及愛國分子舉行選舉，選出議會。當選者包括舊有長老會派中溫和圓顱黨及騎士黨人士。另一方面，自從革命以來即為議會議員的海德於查理一世被殺，蘇格蘭人支持查理二世復位失敗以後，護持查理亡命海外，但與國內國教派及保王者暗中時相聯絡。此時與蒙克協同，由議會出面迎回查理復辟。此後雖然國教派教會仍然宣稱君權神授，法學家亦認為查理一世被殺之後查理二世即已繼位，但事實上查理二世的王位為議會所給予則為不爭之事。從此英王與議會互相依賴不再分離，君主專制及共和思想俱成過去，除詹姆士二世外，亦無任何君主再作非分之想。

查理二世復辟之初，面對二十年來反王擁王長期敵對的血海深仇相當難以應付，幸賴海德的睿智與查理飽經憂患養成隨遇而安的風格，得以平安渡過。海德受封為克拉倫頓伯爵

（Earl of Clarendon），擔任首相。君臣一致堅決拒絕對圓顱黨人報復，各種派別利益均霑，共謀未來發展。過去王室、教會、騎士黨的私人財產曾被沒收由叛變政府出售者無條件歸還原主，不必給予買主賠償。騎士黨人為繳「惡人」罰金自行出售者則不予收回。恢復國教原有地位，但以王室宣言（Royal Declaration）方式不止一次阻止議會對國教以外教派迫害立法。克拉倫頓老成謀國，為國為民殫精竭力，溫和的態度雖然使政府度過最初難關，但真正能解決問題的中庸之道，在雙方依然存在敵對心理的情況下，常常兩面不討好。許多騎士黨人未能收回土地，對政府滿懷怨望。1661年在彼等反彈高潮之下選出的議會，騎士黨佔絕對優勢，輕蔑拒絕查理及克拉倫頓的意見，對圓顱黨進行報復。為防止其東山再起，驅逐二千名不肯對祈禱書中所有事物完全同意的教士，不予任何賠償，對於當場拿獲正在進行非正統崇拜者囚禁及充軍（transportation）。1665年的「五哩法案」（Five Mile Act）

規定任何教士或教師必須宣誓無論何時均不得對教會或政府加以違抗，否則不得進入城市五哩以內。當時清教徒為城市中最重要居民，此一規定對商業及文化上損失甚重。此案與1661至1665年通過的所謂「克拉倫頓法規」（Clarendon Code），僅為議會之作，實與克氏無關。

　　1665至1667年對荷蘭發生海戰，英軍獲勝，荷將北美東岸的新阿姆斯特丹（New Amsterdam）讓與英國，以後該地易名為紐約（New York）。1667年一月荷人路特（Ruyter）率領英人駕駛的荷蘭兵艦進入泰晤士河，俘獲並燒毀停靠在倫敦附近的英艦。倫敦居民從未聽過外國人的槍聲，大為憤慨。益以1665至1666年間的瘟疫及倫敦大火，英人以為查理終日周旋於情婦之間，疏於國事，朝廷幾為舊教徒控制，甚至認為倫敦大火乃舊教徒所為。查理為平民怨，以克拉倫頓為代罪羔羊，1667年將克氏罷黜。實則荷船進入泰晤士河事件乃因議會緊縮政府經費將若干船艦停駛，水手解散，水手亦因欠薪大量投奔

以現金支付的荷蘭。克拉倫頓雖然蒙冤受屈，但執政數年，為維持君主與議會平衡，限制議會過分擴權，招致議會不滿，與國教不同教派疑所受迫害乃克氏所為，海軍未得薪餉，有野心的年輕人以其高踞上位阻止彼等升遷之路，甚至查理的情婦們也不滿其未予親近，對於克氏下台可謂大快人心。真是應了我國「當家三年，貓狗都嫌」的俗諺。

　　克拉倫頓被黜之後，查理任命克利福德（Clifford）、阿林頓（Arlington）、巴金漢（Buckingham）、安東尼古柏（Anthony Ashley Cooper, Earl of Shaftesbury），及勞德戴爾（Lauderdale）五人執政。英人不滿五人所為，取其名字第一字母聯合稱為「陰謀黨」（Cabal）。五人為保持權位不敢違逆查理，查理有一半法國血統，流亡時期深受法國氣氛薰陶，內心傾向舊教信仰及親法。由於議會嚴格控制其用度，暗中接受法國賄賂換取其協助侵佔荷蘭及宣布英國重歸舊教。1670年荷

蘭建立共和，實行寡頭統治，將原應承襲王位的查理外甥威廉（William of Orange）排除於政治核心之外。威廉心有未甘，荷蘭民黨（Popular Party）亦望其復位，法王路易十四乃與查理在多佛訂立密約（Treaty of Dover）兩國出兵瓜分荷蘭，留一小部分作為法之屬邦，由威廉統治。1672年法國大軍進入荷蘭，荷蘭政府無法抵禦。民黨在憤怒及絕望之下推翻共和，擁立威廉，決堤引運河之水灌入低地，阻法軍前進。沿海船隻亦奮力抵抗英法艦隊，威廉更大展其外交長才，組織歐洲聯軍對抗法國。英國議會原以對荷戰爭一如以前之為商業競爭，比及悟出幕後真相大為憤怒，迫使查理排除朝中舊教人士，次年退出對荷戰爭。查理忱於形勢罷黜克利福德等五大臣，與議會領袖丹貝伯爵奧斯本（Thomas Osborne, Earl of Danby）合作。丹貝執政四年期間對荷蘭友善，對法敵視。1677年更安排王弟約克公爵（Duke of York）詹姆士長女瑪麗（Mary）與威廉聯姻。

詹姆士雖不情願，查理卻批准同意，為王室留下一位新教繼承人的機會。

議會既然舉足輕重，內部爭權亦愈演愈烈。丹貝領導一批被稱為保守黨（Tories）之人與敵對的輝格黨（Whigs）惡鬥。1679-1681年輝格黨佔盡優勢，1681-1685年保守黨又居上風，對查理最為有利。王室、舊教教會與保守黨密切結合，宮中的決定立即為各郡鄉紳官員執行，教會加以讚揚鼓舞，共同壓制一切不同派別，查理唯一不能如願的事是不敢公開宣布承認舊教。

1685年二月查理二世逝世，詹姆士二世繼承。查理二世的私生子蒙茅斯（Monmouth）在西部叛變，敉平之後給予詹姆士藉口，由議會通過，建立三萬常備軍。詹氏誤以為武力可以壓制議會、地方官員及國教教會，放心獨斷獨行，任命舊教紳士為軍官。軍中人數不足，乃以與英人語言各別的愛爾蘭人充當

軍士。英人以之為野蠻外族，不應予以武裝，大起反感。中央及地方的保守黨及教會派官員全被罷黜，代之以舊教人士，人數又不足，轉而求諸新教中非國教教派。此等人士不願破壞整個新教利益，極少響應。若干有俸聖職被舊教徒填補，最後更命所有教士在聖壇宣讀其所頒布的「寬容宣言」（Declaration of Indulgence），廢止反對舊教徒及與國教不同教派的法律，允許彼等擔任官職。教士以其非法，由坎特伯瑞大主教山喀茹福特（Sancroft）領導七主教上書請願，反對亂命。詹姆士以發表騷動性誹謗之罪將其交付法庭審判。陪審官判彼等無罪，全國興奮達於高潮。英人原以為詹姆士的二位女兒瑪麗及安妮（Anne）皆為英國國教徒，將來繼承大統可以無事，不料1688年六月十日皇后誕生一子，王及后皆信舊教，將來由太子繼承必將全國改信舊教無疑。乃於六月三十日法庭宣判坎特伯瑞大主教等無罪，當晚由保守、輝格兩黨七位領袖簽署邀請書秘

密交付與英暗中保持聯絡的威廉使者。七人中有丹貝、被停職的倫敦主教康普敦（Compton）等。威廉於十一月五日抽調大軍至英，宣布將一切爭執交於議會。詹姆士的軍中新舊教徒、英人與愛爾蘭人，各分黨派互不相容。緊急關頭約翰邱吉爾（John Churchill）與其他將領叛走，詹姆士無法應戰。威廉亦不願發生軍事衝突，頗得英國人心，一般平民紛紛至其旗下，支持自由議會。丹貝親自領導北方起事，保守黨另一領袖西摩（Seymour）號召威賽克斯（Wessex）加入威廉陣營。輝格黨人將米德蘭（Midland）組織起來，倫敦民眾踴躍參加。各方劍拔弩張之下，詹姆士畏懼，攜妻及子逃至法國，接受法廷保護。一場反王易君的大革命居然以不流血和平收場，英人額手稱慶，以之為「光榮革命」（Glorious Revolution）。保守黨本擬仍以詹姆士名義統治，以威廉為攝政；丹貝主張由瑪麗單獨統治，威廉僅為王夫（Prince Consort），均為威廉拒絕。當時

法國軍隊虎視眈眈，蘇格蘭與英分裂，愛爾蘭不服約束，英國處境危若累卵，保守及輝格兩黨不得不妥協屈就，以瑪麗與威廉共治，行政權由威廉掌握。1689年二月議會以正式法案（Act of Parliament）宣布。從此再無人提出君權神授，王室威權由議會決定，除君主仍然保留任用大臣之權外，已經接近目前英國的政治形態。

兩黨政治與內閣制的形成

英國的政黨最初是在1640年開始的長議會中支持及反對查理一世的人自然形成兩股互相敵對的勢力，並無一定組織。1660年查理二世由議會擁立復辟，議會地位更為重要，內部權力之爭也更劇烈。不同意見的人為了壓制對方，加強內部團結，組織日益嚴密，逐漸接近目前的政黨。既未在政府機關註冊，也無內部發展的明確記錄，所以政黨什麼時候開始難下定論。

長議會中支持查理一世的絕大多數是貴族，被稱為騎士黨，反對者則以平民為主。當時領導歐洲時尚的法王路易十四經常戴著一頂波浪形長可及肩的假髮，英國貴族紛紛仿效。平民無此裝飾，看上去頭還是圓的，被稱為圓顱黨。經過二十年政治、經濟、社會的波濤起伏，1661年的議會中意見不同的雙方人員成分及處事態度與以前有相當差異。一方面是以舊有的貴族與熱烈支持國教的鄉紳為主。因為克倫威爾統治時期被迫繳納「惡人」罰款出售土地，復辟以後未能收回，對政府極為怨憤，對以前的圓顱黨亦繼續仇視，成為以後被稱為保守（Tory）黨的最初成員。另一方面是以前圓顱黨人，革命期間購買土地升格為鄉紳及城市商人為主，對於宗教主張寬容，支持對外擴張國力，成為以後被稱為輝格（Whig）黨的最初成員。十九世紀以後輝格黨歸於沉寂，保守黨則延續至今。

1661年的議會中保守黨佔多數，對查理二世及克拉倫頓的意見不予重視，嚴格管制政府用度，對於國教以外其他教派嚴酷迫害。1661-1665年的「克拉倫頓法規」都是他們的傑作，絕非克氏本意。當權十七年，激起輝格黨反彈。沙夫茨伯里（Shaftesbury）伯爵加強內部團結，不擇手段與保守黨惡鬥。保守黨中的丹貝伯爵亦積極整飭內部，得勢之後對輝格黨嚴加報復。沙夫茨伯里遭受放逐，客死荷蘭。一般論者亦以沙夫茨伯里及丹貝分別為輝格及保守黨的創始人。光榮革命時兩黨卻以大局為重，共同迎立威廉三世。

　　光榮革命後議會擁有軍事、財政、宗教及變更法律之權；大部分保守黨人亦放棄君權神授之說，但英王仍有任用大臣之權。威廉三世為了荷蘭安全，力抗法國入侵，需要英國幫助。輝格黨以路易十四極端專制，對之深惡痛絕，與威廉志同道

合，在議會及行政方面佔盡優勢；但對保守黨舊恨難忘，企圖報復，則為威廉所不喜。1690年一度解散國會，訴諸民意。1697-1701年與法停戰期間保守黨在議會較佔上風，安妮女王時期更是獨佔優勢，輝格黨處於反對立場。1701年輝格黨中態度溫和，被認為是「騎牆派」的哈利法克斯（Halifax）說服其黨，使以保守黨為主的議會通過法案於安妮逝世以後由德國的漢諾威（Hanover）家族繼承王位。是年西班牙王位繼承戰爭開始，一部分保守黨人與輝格黨聯合支持對法作戰，但黨中更多人士對議會通過反對國教以外其他教派的法律更有興趣，輝格黨在議會再佔上風。政府之中兩黨並用，但混合行政在議會政治之下日漸窒礙難行，為以後由多數黨組閣埋下種子。輝格黨在光榮革命之後兩度掌權，以戰爭而興，卻以遲遲不欲謀和未能盡滿人意。1709年九月英軍大敗，一般民眾呼籲停戰。1710年議會改選，保守黨大獲全勝。1712年與法訂定烏得勒

支（Utrecht）條約，寬嚴適當。但保守黨對非國教教派過分嚴酷，1711年通過議案對於曾在國教教會宣誓的中央或地方官員參加非國教派禮拜者處以可使其傾家蕩產的巨額罰金。同年另一議案規定每年收入不足三百鎊不得擔任議員，將較低收入的平民排除於議會之外。1714年的「分離法規」（Schism Act）規定非國教教派的子女僅能在國教教會主教處註冊的教師處就學，關閉非正統教會信徒自費設立的學校，即使曾為主教許可的教師亦不得教授正統教會以外的教義。1714年八月安妮逝世，保守黨人一部分擁立漢諾威家族的喬治（George），另一部分則仍然主張由斯圖亞特家族繼位。保守黨分裂，招致選舉失敗，新議會中僅佔少數，態度趨於溫和。輝格黨於1714-1761年連續當權近半世紀，領導者沃波爾（Walpole）深知支持者僅為全民少數，為保漢諾威家族王位及一己權勢，惟有在維持國教教會特權的前提下爭取宗教寬容及允許地方政府大量落入保

守黨的治安法官（Justices of the Peace）手中，始能達成願望。此種妥協精神使得英國獲得長時期的所謂「沃波爾和平」（Pax Walpoliana）。更由於喬治個人的特殊情況因緣時會建立了沿用至今的所謂內閣制，英國的政治及宗教得以完全自由，進入目前形態。英國與西班牙在南美洲貿易競爭爆發戰爭，承平日久，軍事行動不如以前機警靈活，海戰失利。1742年沃波爾黯然下台，保守黨重整旗鼓捲土重來。十九世紀輝格黨中態度較為溫和人士投向皮特（William Pitt）領導的保守黨，另外有人加入新興的自由黨（Liberal Party），輝格黨在政壇逐漸隱退。

十九世紀中葉格萊斯頓（William E. Gladstone）領導同志組織自由黨，與保守黨交互為用。二十世紀初，工黨（Labor Party）興起，與保守黨輪流組閣至今，自由黨淪為小黨。二十世紀以前無論何黨皆以中產階級為主，選舉權亦有種種限制。工業革命以後無產階級抬頭，教育及選舉權逐漸普及，政治及

社會上已無階級差別，保守黨與工黨全以對於國事不同主張號召選民。每次議會改選皆有一黨議員超過半數，行政、立法態度一致，政局穩定。在野黨亦以不同意見隨時糾正政府偏差，並儲備人才，隨時準備取而代之。選民亦以變化多端的國內外局勢決定執政者誰屬，雙方良性競爭，交互為用。後進的民主國家，多數亦予以仿效。但是歲月不居，時移勢易，二次世界大戰以後，由於科技發達，交通便利，以及思想轉變，一切全球化的結果，西洋式的民主政治又出現許多新問題，本書最後當試作討論。

喬治一世生長於德國，不諳英語，接替王位後，內心仍以漢諾威為重。既為輝格黨擁立，領導該黨的沃波爾又才德兼備、愛國愛民，於是將選用大臣之權完全交與沃氏。英國歷代朝廷討論軍國大事常在所謂內閣（Cabinet）的宮內書房進行，由君主決定參加人選，並常親自主持會議。喬治一切委諸沃波

爾，沃氏即就其同黨議員中選擇各部門行政首長，一面管理不同事務，一面仍兼議員身份，使行政及立法雙方充分瞭解溝通。政策獲得完全支持，可以順利進行。議會之中，十七世紀以來下院日漸重要，上院職權大量萎縮，沃波爾及二次世界大戰後的邱吉爾（Winston Churchill）皆曾辭謝高級爵位，以免進入上院而失去在下院中的領導地位。至今只要下院通過即成定案，上院僅為提供意見聊備國人參考的古董機構而已。

法國大革命與西洋民主政治的遠播

十八世紀的法國

十八世紀的法國，表面上是一個廣土眾民、富強文明的西歐大國，實際上內部處處都有問題。一個處置不當，就會引起劇烈動亂。

一代雄主路易十四，承襲紅衣主教黎希留（Richelieu）、馬薩林（Mazarin）兩位首相的基業，選賢任能集權中央，建立新軍，擇任良將，內懾諸侯，外拓疆土。為避巴黎輿論干擾，將政治中心移至凡爾賽（Versailles）建築新宮華宅，召集封疆貴族居於其中，觀劇賦詩，歌舞飲宴。過去雄據一方，隨時可以稱兵造反的糾糾武夫，陶醉其間，壯志消盡，樂不思蜀，日

以近上邀寵，侍奉巾櫛為榮。路易大權獨攬，顧盼自豪，「朕即國家」（L'état, C'est Moi），當之無愧。然而連年征戰，勞民傷財。雖有斬獲，得不償失。益以內部鉅額消費，晚年財政已告拮据。臨終之時諄諄以「建華屋，事征戰」為後人戒。

路易十四所立太子，英年早逝。路易逝世以後，由其曾孫繼位，是為路易十五，年方五歲。由路易十四之侄奧廉斯公爵（Duke of Orleans）攝政。奧氏親切和善，口才與記憶俱佳，但生性懶惰，私生活不檢，情婦多逾百人。路易十四對之並不喜愛，遺囑設一攝政會議（Regency Council）與之制衡。會議由奧氏主持，成員包括路易十四情婦孟特斯潘（Madame de Montespan）的兩個私生子：緬因公爵（Duke of Main）及土魯斯伯爵（Count of Toulouse）。

奧氏攝政期間許多作為與路易十四相反。路易不設首相乾綱獨斷，其下僅有少數辦事人員；奧氏則設置七個會議

（Council），每一會中有十位成員參與政事，對於貴族意見亦極為重視。路易支持舊教，保護耶穌會士，奧氏則偏袒新教。路易盡力提拔其私生子，奧氏則對彼等加以貶抑，剝奪其血親王子的地位。路易豢養凡爾賽宮內外居住的上萬貪婪貴族，奧氏則取消大部分宮廷開支，使彼等生活陷入困窘。外交方面，奧氏以其師杜布瓦（Abbé Dubois）為主要指導。杜布瓦出身微賤，崇尚英國自由，親英仇視西班牙。與英訂結英法荷聯盟，與西班牙最初處於敵對地位，後因覬覦紅衣主教職位，與舊教大護法的西班牙及教廷聯合，甚至安排路易十五與西班牙公主訂定婚約。宿願終於得償，1723年晉封紅衣主教，但不久即蒙上帝寵召，奧氏亦繼之去世。

布爾本公爵（Duke of Bourbon）續任攝政。當時路易十五已屆十三歲，許多事自行決定，布氏事實上僅為首相而已。二人治理不善，地方發生暴動，政府予以殘酷壓制始行平靜。

布氏接受情婦建議，將前已訂婚且已來法國接受母儀教育的西班牙公主送還本國，另訂波蘭被黜君主之女瑪麗（Marie Leszczynska）為未來皇后。瑪麗貌不驚人，妝奩亦不豐盛，但為人善良誠實，可受布氏支使，布氏企圖以此鞏固其攝政是地位。布氏得為攝政是由於路易十五的教師富勒瑞（Flerry）的推薦，後欲擺脫富氏，富氏乃以離開宮廷相威脅。路易十五依賴富氏甚深，不能一日或離，乃將布氏解職，令其居於香底里城堡（Castle of Chantilly）。前此嗾使更易路易十五未婚妻的布氏情婦亦遭放逐，次年服毒自殺。先後兩位攝政對於國事均有損無益，王室威信大為損傷。路易親政以後妄自仍以富強大國自居，參與國際紛爭，輕啟戰端；內部任由情婦干政，生活糜爛，浪費無度。在位大半個世紀，喪權辱國，毫無建樹。死時國勢瀕於崩潰，導致擾攘百年、流血成渠的大革命。

路易十五貌似美女，性格柔弱陰暗，對人冷漠。受教諸師亦從未教以治國之道。諸教師中紅衣主教富勒瑞最為其信

賴。親政之後，富氏掌握一切大權。富氏毫無治事經驗，一般事務亦甚少知曉，但為人和善，尚能聽從他人意見。路易十四時代能臣柯伯特（Colbert）、魯甫瓦（Louvois）所組織訓練的行政部門餘廕猶在，可以補其不足。在彼等的指導之下，1738年居然將長期虧空的財政達到平衡，堪稱富氏治下最有價值的成就。外交方面，富氏愛好和平，與畏懼戰爭的英國首相沃波爾（Robert Walpole）同唯國家利益是視。兩人隔海相應，互相攜手。奧地利皇帝查理二世（Charles II）無男嗣，擬傳位其女瑪麗德瑞莎（Marie Theresa），需要諸強同意。富氏避而不談、未置可否。法人一向仇奧，以富氏軟弱，不直其所為。1733年波蘭王奧古斯都二世（Augustus II）逝世，俄皇彼得（Peter the Great）擬與法聯盟謀取波蘭。法忠於波蘭、丹麥、土耳其等舊日友邦，未予同意。彼得怒與奧地利聯手以薩克森選侯（Elector of Saxony）為波王。法為保持王室門戶相當，支持被罷黜的波王斯坦尼斯拉斯（Stanislas

Leszcxynska），因之與俄奧發生戰爭。富氏僅派小規模軍隊出征。1738年訂結維也納條約（Treaty of Vienna），法國承認瑪麗德瑞莎為奧女皇，但須嫁勞蘭公爵（Duke of Lorvaine）佛蘭西斯（Francis）。斯坦尼斯拉斯名義上雖為波蘭王，實際上無法統治其國，今後則可擁有勞蘭土地。斯氏死後，勞蘭歸屬法國。奧法各有所獲，王位繼承問題圓滿結束。不久，沃波爾去職，皮特（William Pitt）繼任英相，與西班牙爭奪南美貿易，英法聯盟終止。1740年奧帝查理二世逝世，普魯士王佛瑞德瑞克二世（Frederick II）覬覦西里西亞（Silesia），建議與法聯盟攻奧。時已高齡88歲的富氏年老體衰，不願干預，路易十五亦無意介入。但輿論及路易情婦皆躍躍欲試，認為英國無論對法本土或殖民地皆具有威脅。如能挫奧，則與普聯手可以制英。從此兵連禍結，最後予英國雄霸海上及普魯士控制德意志的機會。瑪麗獲得倫敦支持，佛瑞德瑞克改與英奧聯合，放棄法國，換取西西里亞。法國軍隊被阻隔於波希米

亞（Bohemia），費盡大力始得退出。1743年富氏鬱鬱以終。法軍改攻法蘭德斯（Flanders）獲勝，普亦倒戈相向。最後於1748年訂結埃克斯拉夏伯爾和約（Peace of Aix-la-Chapelle）。普獲西里西亞，英法陸地戰爭結束。但殖民地遠隔重洋，雙方衝突仍不斷。英國棄奧與普魯士聯合，法則一反仇奧傳統。路易十五情婦龐巴杜（Madame de Pompadour）與奧女皇瑪麗德瑞莎親若姊妹。七年戰爭中英普與法奧敵對。普在陸上，英在海上佔盡優勢。1763年戰爭結束，訂結巴黎和約（Peace of Paris）法國殖民地喪失殆盡，加拿大密西西比（Mississippi）河以東地區盡歸英有，在印度僅剩五個貿易站。波蘭王斯尼坦斯拉斯去世之後，勞蘭為法所有。另有科西嘉（Corsica）、賽內加爾（Senegal）及格蘭丁（Glandine）群島為法國海外僅存的殖民地。

連年征戰，國庫又形空虛。戰爭之外，路易十五私生活不檢亦糜費不貲。路易對皇后冷淡，生下十胎未曾與言一語。

情婦接連不斷、其中出身中產階級，毫無道德觀念的龐巴杜夫人，左右政治凡二十年。諸情婦生活糜爛，甚至挑動戰爭。宮廷開支浩繁，民怨沸騰。1747年一狂漢持小刀謀殺路易，路易竟謂：「我未曾對任何人有害，為何殺我？」昏瞶無知，一至於此。君民之間，誤會日深。重建海軍所費不貲，重稅之下，對於平民已經無法再行壓榨；欲向特權階級需索又無法獲得大理院（Parlement）同意。國困民窮，無計可施。1774年路易十五逝世，國中無人加以哀悼。

　　路易十五身後留下一個爛攤子。路易十四時代，貴族群居凡爾賽宮內外，遠離封地，但對當地的管理權仍在，與屬民道路阻隔，兩不相知。所派管理之人，貪污弄權，極少照顧子民。王室限於封建舊習，亦無法統一行政。全國除極少地區外，地方事務陷於癱瘓，民眾疾苦無可告訴。貴族憑藉身份，參與軍隊管理及司法審判，由於腐化無知，軍隊訓練及戰力均感不足，司法公正亦告失效。教會方面，大主教擁有封土，其

中多人耽於逸樂，牧民之責全靠待遇菲薄的低級教士為之，後者深感委屈憤憤不平。新舊教亦因君主好惡不同，時有遭受迫害之虞。經濟方面，政府的重商主義，中古城市的行會規定，限制重重。工業雖有突破，商業卻因政府的關稅及貿易稅，貴族的過境稅，負擔過重，影響經濟繁榮。教會、貴族擁有特權，不得其同意，政府不能強自加稅。一般平民除繳納政府所收的人頭稅以外，對於貴族需納地稅，教會也要徵收「什一之稅」（Tithe）。農業生產方法落後，佔全國絕大多數人口的農民，收入有限，且半數以上皆須繳稅，樂歲終身苦，凶年不免於死亡。階級的不平等，貴族趾高氣揚，頤指氣使。平民屈居人下，動輒得咎。教會由於腐敗，鮮能給予民眾生活指導及精神慰藉。整個國家，誠如曾任路易十六時期的首相卡隆（Calonne）所言：「法國是由各個州郡組成的。王國各州郡具有混合行政，各地方彼此一無所知。某些地區完全沒有稅負，

整個負擔由其他地方承受。最富有的階級輕徭薄賦，特權推翻所有平衡。無法具有任何常規統治或共同意志，目前狀況無法治理。」

十八世紀末年，法國的狀況實在已經無法維持。但要推翻現狀實行大規模改革，由於積習難改，仍然需要極大道德勇氣。西歐的思想界恰好供給了這股動力。十八世紀的西歐受到文藝復興及牛頓（Newton）、來布尼茲（Leibnitz）等科學家的影響，崇尚科學研究，極端重視理性，對於一切事物都要加以理性衡量，對於許多固有的制度習慣都有新的看法。十七世紀末，英國學者洛克（John Locke）認為政府應當建立於被統治者的同意上，宗教應該自由。十八世紀英國走上議會政治，法國學者伏爾泰（Voltaire）、孟德斯鳩（Montesquieu）到了英國大為羨慕。伏爾泰主張思想、言論、寫作、行為等等一切自由，破除迷信。孟德斯鳩主張行政、立法、司法三

權分立。尊重法律,認為良好法律可以提昇道德。重農學派（Physiocrasts）的學者格斯內（Quesnay）認為土地是財富的唯一資源,主張廢除內地貨物通行稅。1751-72年間,底德洛（Diderot）等學者陸續發表歷史、哲學、人文主義、文學、悲劇、喜劇、教育論文等等作品,逐漸匯成一部百科全書,號稱「百科全書派」。其中反對教士、信仰自然神教的伏爾泰及盧梭（Rousseau）最為著名。盧梭於1762年發表社會契約說（Social Contract）,認為良好國家應由每一成員相約服從一般至善（general good）。唯有具備良好道德的公民彼此同意對促進共同利益的法律相約遵守,始可稱為一個良好的社會。良好國家不建立於暴力或貪婪而是建立於所有成員充滿道德的意志上。書中首句「人生而自由但處處被繩索所困」,對於一般大眾影響極大。

十八世紀的法國學者一切都用理性衡量,但是「合理化」的標準卻因時因地而有不同。以當時的標準,衡量千百年前陸

續形成的政治、法律、宗教、社會等形象，處處都覺得不合理。推翻現狀的破壞力量極為巨大。然而除了空洞的「自然宗教」理想和未曾周詳規劃的三權分立政治制度而外，並無具體的未來藍圖。所以革命一旦爆發，在混亂流血中逐漸摸索，一波三折擾攘百年，才在內憂外患的折磨傷害下，恢復安定。銳意改革的人士們汲取法國的教訓不可不在事前慎重思考。

三級會議召開與憲法制訂

路易十六忠誠仁慈愛國愛民，即位之初銳意改革，人民歡呼稱慶，以為查理曼再世。但路易實非其才，雖然對於歷史、地理、英文具有若干知識，治國之道及政治手段卻絕對不是他的長處，處理事務更缺乏決斷，常問左右「我該怎麼做？」，平日嗜好狩獵及製鎖，每逢疲於騎馬或打鐵即昏昏欲睡，無法再過問國家大事。皇后瑪麗安東尼特（Marie Antoinette）高貴典雅，生長於古老大國的奧地利，生活習於奢侈，加以不善處

世為人，經常隱居深宮與諂媚婦女為伍，法國正當財政困窘，人民望治心切，不免對之失望怨恨。無法與其接近的貴族廷臣煽風點火，推波助瀾，使其形象日益醜化，與人民更加疏離。

路易即位之初曾謂「我願為人所愛。」但不得其道，又乏智者引導，妄想恢復舊制重建貴族權威，以君為父，以大理院（Parlement）及三級會議（States-general）代表自由，與當時學者思想相左。對於希望改革的大臣也無法相容。初次組閣，納入若干新派人士，開啟全國無限希望。其中伏爾泰曾經含淚吻其手的圖格特（Turgot）尤為眾望所寄。圖氏滿懷信心以「不加稅，不貸款，不使國庫破產」為原則，開源節流，允許穀物自由貿易以促進生產，節省慈善及宮廷開支，一己薪俸自142,000里弗（Livres）減至82,000里弗。伏爾泰睹其第一道敕令後，「似有新天堂及新地球」之感。外國人士如歌德（Gothe）等亦對之大加讚賞。如有強有力的政府支持，大革命可能不致發生。但是皇后以其監督宮廷花費，對之不滿；

銀行家及收稅者以其威脅其利益加以反對。一般民眾誤信反對者製造的謠言，以為穀物自由貿易將使彼等更加貧窮，甚至招致飢荒。路易面對眾怒，深致憂慮，召開大理院。大理院中頗多具有特權的人，一向保守，反對一切改革。1776年一月，圖氏擬將勞役築路經費改由地主負擔，賦稅應依財富比例繳納，不應取自無產階級，特權階級亦應納稅。更欲壓制行會（guild）威權及各種團體的自由，於是貴族及商人一致對之不滿。大理院拒絕登記其敕令。依照舊有習慣，大理院不予登記，法令即無法推行。路易感嘆「圖格特弄得無人愛他」，令其辭職。圖氏在職，前後僅二十三個月，長才未展，良法難行，令人扼腕浩嘆。

內政之外，外交政策亦為促成圖氏去職的原因之一。圖氏為求財政平衡，需要對外和平。但為報復英國，多人呼籲戰爭。一向親奧地利仇視英國的前外交大臣舒瓦索（Choiseul）公爵1768年即對英在北美十三州殖民地可能獨立的消息異

常振奮。法國於路易十五末年重建海軍，1771年擁有64艘戰艦，45艘快艇，可以在海外發展。舒氏的繼位者威金尼斯（Vergennes）對於美國獨立未敢太具信心，最初僅以秘密管道供美武器。獨立宣言發表後，佛蘭克林（Franklin）赴巴黎求援。法人對之素所欽仰，及見其人更加狂熱，以其所作雷電試驗及對英革命為「解除暴君與上帝的武裝」。朝野上下均以美國為自由的化身，甚至曾經說過「新英格蘭較希臘更多智者。」以「大陸會議」（The Continental Congress）為羅馬元老院的化身。法國青年拋家離鄉，為了自由奔赴美國戰場。最初法國僅以志願軍名義參加。1777年英將投降，十二月路易承認美國獨立，簽約與美訂立同盟，正式介入戰爭。1781年勝利收兵，獲得自由保護者美名，但耗費不貲，圖氏不願借貸濟困，被迫下台。

圖格特離職之後，日內瓦銀行家尼克（Necker）繼掌財政。尼氏為人誠實，處理本行事務亦頗幹練，但對軍國大事並

不熟悉。其妻的沙龍（Salon）中學者雲集。輿論哄抬，使尼克登上高位。為支持對美戰爭，1776-81年債務增至六十萬里弗左右，在當時實為驚人數字。債務之外，尼克一無革新之舉。舉國上下，大失所望，尼克黯然離職。

　　法國財政已經陷於無法解決的困境。任何減少開支的企圖都為凡爾賽中人憎恨。任何財政改革都遭大理院反對，皇后及其女友支持其友人卡隆（Calonne）出掌財政。卡氏不負眾望提出完整的改革計畫，設法擴大經濟活動，但債務亦不得不與時俱增。特權階級為保護其自身利益，反對改革，用盡心機，將皇后作為代罪羔羊，謂其奢侈浪費危害經濟，實則宮廷開支僅佔全部預算百分之六。籌款無門，卡隆無計可施，1785年八月決定召開「名士會議」（Assembly of Notables）邀請140人參加，其中極少真正能人，被譏為「無能會議」（Assembly of Not Ables）。亨利四世早年曾經利用此種集會獲得佳績，此時故技重施。受邀參與的拉法葉（Lafayette）致賀美國總統

華盛頓時曾謂路易與卡隆選擇此一途徑，「值得全國感激」，希望能大事改革。1787年二月會議開始，卡隆致詞中有謂，「唯有廢除權力濫用始能達成我等需要。濫用權力者範圍極廣，享受保護者根深枝茂」。所提六項建議，包括設置各省議會（Provincial Assemblies）、以實物繳納地稅、改善人頭稅（Poll-tax）、穀物自由貿易，以及以金錢代替勞役等事，處處皆能符合拉法葉的願望，但遭受各方巨大反抗。將近復活節時，特權階級迫其下台，以土魯斯大主教布倫尼（Loménie de Brienne, Archbishop of Toulouse）代之。布氏思想自由，但華而不實，能力大遜卡隆。布氏解散名士會議，除對法人思想召致紛亂外，一事無成。

布氏與大理院互相對抗。一般意見支持大理院，反對加稅，各省較巴黎更為劇烈。諾曼地（Normandy）、布列坦尼（Brittany）及道芬尼（Danphiné）要求召開三級會議。維齊（Vizille）地方由格倫奴布皇家法官（Royal Judge of

Grenoble）孟尼爾（Moner）召開當地三級會議，宣言不得三級會議同意，不得加稅或要求資助，平民代表人數加倍，選票以人數而不復如以往之以階級計算。1788年八月布氏宣佈將於1789年五月一日召開三級會議，希望以平民對抗特權階級及大理院。當時國庫已經空虛，但無人願意出錢，只想獲得。一般輿論對布氏只尚空談，毫無作為已感厭倦，路易為避免財政崩潰，重新徵召尼克。一般大眾眼中再現曙光，巴黎舉行大規模遊行，慶祝布氏下台。群眾侮辱皇后及其女友，稱皇后為「虧空夫人」（Madame de Deficit）。

尼克巧婦難為無米之炊，但以其過去聲望，及自掏腰包，撥給國庫兩百萬里弗，使人開始建立信心。借得六百萬里弗，國家債信重新提昇，前途頗有改善希望。但是年冬天，巴黎奇寒。人民飢寒交迫。大理院要求三級會議當如1614年形式投票，以階級計算，尼克不予理會。1789年元旦，宣布平民階級代表人數加倍，以為新年賀禮，但未提及是否以人數計票。

召開近千人參加的大規模會議必須目標明確，有一定規範、程序及組織，才能獲得實效。尼克對此一竅不通，僅希望以君主的威望及平民的壓力迫使特權階級納稅。結果失控轉型實非意外。不過法國人素來忠於君主，過去對路易儘管有所不滿，當三級會議召開，並將人民代表人數增加一倍時，仍然歡欣鼓舞，感激涕零。路易更下詔求民隱。結果陳情書（Cahiers）如雪片飛來，汗牛充棟，直至十九世紀學者始克將之翻閱殆遍。其中教士席埃（Abbé Sieyés）及米拉布伯爵（Count Mirabeau）的文章最為突出。席氏文中提出「什麼是第三階級？第三階級應該什麼都是，但直到目前卻什麼都不是，我們應該讓他是些什麼」。米拉布伯爵因言行狂放不容於貴族，轉而尋求平民支持時，呼籲「如果把我當成瘋狗，就更應該選我。專制和特權都將為我的利齒咬死」。兩者都極為動人，流傳最廣。當時一般輿論及會議代表一致尊重君主威權，並無民主要求，僅僅希望君主運用威權，改善平民生活。農民

苦於人頭稅、鹽稅（Salt tax）及教會所徵什一之稅。貴族禁獵損害農作物的鴿、兔，亦使彼等損失不貲。中產階級希望制訂憲法、設置代表性會議，以及三級會議定期常態召開。所有平民一致希望廢除封建時期一切特權，控制財政支出，及對賦稅有投票權。政府如能洞察此情，適度採納，不但革命不致發生，法國仍可保其富強大國的地位。

五月五日三級會議在凡爾賽召開。路易致詞，空洞冷漠，既未說明投票規則，亦未提及三級會議以後是否定期召開，平民代表大失所望。尼克則粉飾太平，偽稱國庫不致空虛，收支可以平衡。三級會議已經一百餘年未曾召開，君臣對之皆無經驗，不知如何處理，米拉布慨嘆「掌舵無人」。開幕儀式之後，三階級應該分開討論。平民代表以為平民代表人數既已加倍，顯示投票須以人數計算，理應三院合議。派人至貴族及教會兩院邀請。五月十五日以後，陸續有十餘低級教士加入平民陣營。平民代表大受激勵，宣布三級會議改稱國民會議（The

National Assembly）。此舉係屬非法，以為將被解散。不意政府毫無反應，勇氣大增。會議決定目前仍依舊有稅法繳納，閉會以後則對所有會中未予同意的賦稅停止繳納，聲稱「無代表不納稅」。貴族與教會人士大為震動。但不久即有六位教會官員及143位教士加入國民會議，受到熱烈歡迎。僧俗興奮得一同歡欣流淚。貴族及教會官員請求路易加以禁止。路易宣布六月二十三日將親臨會場。在此以前，將會議所在的大廳關閉。國民會議代表們奔赴室內網球場繼續開會。資深天文學家貝利（Bailly）站在棹上擔任主席。全體宣誓憲法基礎未穩固前絕不散會。六月二十三日路易親赴大會會場，宣布三級會議仍依舊有形式進行。會中可以討論稅法但非具有特權。散會後，貴族與教會人士隨路易之後離去，平民代表傷心失望垂頭喪氣。大儀官（Grand Master of Ceremonies）進場驅逐，米拉布答以「先生，告訴你的主人，我們受人民之命來此，只有在刺刀尖上離開。」路易聞聽，說道：「他們希望留下。好，就讓他們

吧！」不管什麼原因使他如此，會中諸人總以為他是出於真心誠意。朝廷既已屈服，貴族也隨即投降。路易下令「三級合議」。米拉布讚其衷心愛國。演變至此，法國似可和平走上君主立憲之路。不意七月十一日後路易又被宮廷中所謂「后黨」諸人說服，不久將尼克解職，局勢又生變化。

巴士底陷落與共和建立

　　路易十六及國民會議都在凡爾賽，巴黎沒有得力人士主持。居民除學者及中產階級外，擁有眾多無業貧民。是年遭受糧食短缺，人民飢餓憤怒。被認為唯一希望的尼克去職，全城上下悲傷憤懣，將尼克座像圍以黑紗遊行街上。維持秩序的外籍軍隊，在路易十五廣場被丟石頭。群眾進侵圖勒利（Tuileries）花園。謠言滿天飛，「軍隊將要屠殺愛國人士」、「軍隊將要走上巴黎」、「朝廷反對國民會議幫助貧

民」……等等消息不斷發出。小冊子、短篇文章到處流傳，呼籲撤除軍隊，懇求兵士勿忘其公民責任。奧廉斯公爵（Duke of Orleans）保護之下的御花園（Palais Royal Gardens）成為露天俱樂部（Open-air Club）。又傳塞納河中間小島上有土匪將到巴黎搶劫，人心惶惶。年輕律師德斯穆林（Camille Desmoulins）站在椅子上高呼「去拿武器！」，用栗樹葉做成頭冠，每一經過的人都須戴上，否則加以羞辱，或更踢其臀部。群眾搶劫槍枝大砲，聽說火藥已被帶往巴士底（Bastille）於是齊向該處奔去。巴士底曾經囚過政治犯，又藏過軍火。七月十四日群眾進攻時，實際上只是一座普通監獄。為數有限的衛兵，不敵蜂擁而至的暴民。城堡被攻陷，兵士及監獄人員全被屠殺。群眾燃起火堆將監獄主管勞內（Launay）等人頭顱插在槍尖上，高高舉起，圍著火堆歡呼跳躍。十五日晨，路易在前一日獵倦熟睡中被梁古特公爵（Duke of Liancourt）喚醒，

告知此事。路易問「是否叛變？」梁答，「不是。陛下，是革命！」

國民會議中，中產階級人士居多，一向反對暴力，但為巴黎氣氛感染，也隨群眾趕赴巴士底欲圖將之夷為平地。網球場英雄貝利被推舉為巴黎市長，援助美國獨立的軍事將領拉法葉（Lafayette）為國家衛隊（National Guard）隊長。十七日路易至巴黎，接受群眾所獻三色頭冠，無形中承認革命為合法。新成立的巴黎市政府（The Paris Commune）最初尚擬與舊制度連繫，但迅即失去控制，巴黎陷入無政府狀態。群眾吊死舊有官員，法律完全失效。各省城市最初準備和平接受新政，但糧食運輸不便，民眾常有飢荒，又誤信謠言以為將有土匪前來搶劫，身心失去常態，到處焚燒城堡及收稅機關，形成另一次農民暴動。八月四日夜晚，曾經與拉法葉一同在美的諾埃爾子爵（Viscount de Noaille）在國民會議中宣稱封建特權是舉國不安

的原因，惟有廢之，才能平復。此言出於貴族之口，使平民代表大為振奮，彼此相擁哭泣。其他貴族亦受諾埃爾感染，每人都願放棄一些特權，以之為法國之光。十一日紅衣主教柔希福古（Cardinal La Rochefoucauld）及巴黎大主教宣佈放棄教會所徵的什一稅，獲得農民熱誠擁戴。頃刻之間，所有舊制度一掃而空。法國人一律成為平等公民，具有不可分割的權利。八月二十六日國民會議發表為所有人們、所有時間、所有國家共同的「人權宣言」（Declaration of the Rights of Man & Citizen），與英國十三世紀的大憲章（Magna Carta）對於民主政治同樣具有莫大影響。

議會方告平靜樂觀，巴黎又生事端。秋風吹動，糧荒仍舊，人民飢寒交迫，及受有心人士鼓動，一群婦女為首的群眾於十月五日向凡爾賽進發，以為政府對婦女較為寬容，不致有重大傷害。但人數太少，許多男子穿上長裙冒充婦女，增加聲

法國大革命與西洋民主政治的遠播

勢。拉法葉亦率領國家衛隊隨之。政府不敢使用武力。群眾攻入皇宮，數名守衛兵士被殺。群眾要求路易及會議遷回巴黎。路易被困，不得不從。回歸路上，群眾高喊「我們將麵包師傅及他的老婆孩子帶回來了」，被殺兵士血淋淋的人頭也被叉起高高舉著。回到巴黎以後，將路易囚於圖勒利城堡。但一般人民仍然尊重君主政體及路易本人，僅僅希望他不再受皇后及其佞臣影響。1790年二月四日的國民會議仍然由他主持。路易如能宣布接受革命原則，承諾教其幼子衷心接受環境帶來的新秩序，仍然可以廢除封建特權，實行君主立憲，結束革命。但正如米拉布所言，「革命一旦發生，難於適當時期恢復平靜。」

國民會議隨路易返回巴黎，在圖勒利宮中的騎術學校討論憲法，成為制憲會議。會中人才濟濟，且多為法學人士，平民代表為數五百，貴族188人，教會代表247人。平民佔絕大多數，足以制訂公平合理的憲法。但議員們日處狂熱份子及暴

民包圍之中，無法做成適當決定。米拉布等少數有識之士，深知當時情況已經失控，惟有強化執政者力量，始能撥亂反正。米氏曾經提議設置第二議院以平衡單一議會以及國王具有對議案的絕對否決權，但以其年輕時形象不佳，意見又違反民主原則，未能獲得一般代表贊同。甚至保王黨亦不予以支持，彼等希望憲法愈不合用，愈能彰顯民主政治的不當。憲法公布後，有人譏之謂，「英國政治是通過國王統治，法國卻是統治國王」，更有人以其為根本無法行之於現有人類。法既不良，自然不能收安定之效，革命為之愈來愈趨激烈。

憲法中最激起反感的是教會世俗化的條款（Civil Constitution）。教會財產既已充公，什一稅亦經廢除，教士所有費用需由政府支付，成為政府機構的一部份。主教由教區選民選出，其下執事由當地行政會議任命，外籍主教亦不予承認，所有教士皆須宣誓對憲法尊重。此法不但議會中的教士們不滿，會外一般天主教徒亦大起反感。革命初期鄉村低級教士

站在平民方面，對革命有極大幫助。此後則分為兩派，一派為保持其現有地位，向憲法宣誓遵守，領取政府薪資；一派不願就範，寧可逃到荒野忍受飢餓，或遭囚禁，甚至死亡。許多信徒亦忠實跟隨，梵第（Vendée）及布列坦尼（Britany）到處可見頭戴白帽的舊派信徒，對抗象徵革命的三色冠。新法改革的唯一收穫為在此以前日趨沉淪的教會品德為之提升。

憲法既成，議會執掌國政，需錢孔亟，乃以充公的教會財產為抵押，發行「土地券」（Assingats）。繼而將君主及逃亡貴族的財產也包括在內。1789年十二月初次發行40,000法朗。以後繼長增高，陷於泡沫化。廉價轉手，政府及最初收購的有錢人大受損失。一般農民卻有機會以少許金錢購得土地耕種，改善生活，唯恐一旦被奪失去，遂成為革命的有力保障及農村土地所有權比較平均，社會走向合理化的基礎。

路易對革命日益劇烈，雅克賓（Jacobin Club）徒眾言行粗暴，文章煽動及議會受暴民驅使等事厭惡恐懼，憲法中的教

會世俗化條款尤難忍受。1791年復活節前路易及皇后赴聖克勞德（St. Cloud）作禮拜，遭暴民驅回，不能復忍，計畫逃赴邊界王軍駐防處受其保護。行前發表聲明將前此被迫承認憲法的簽字作廢，要求憲法加以修正。六月二十一日行至瓦倫尼斯（Varennes）被驅回。議會以其公開反對憲法，不肯宣誓的教士友善，鼓動內戰及聯合反革命的外國勢力等罪名，將其停止王權十週。許多貴族亦於此事前後陸續逃往國外。

　　1791年九月十四日憲法完成，職司制憲的國民會議依法結束，另外選舉執行憲法的新議會。嚴格規定國民會議的議員不能參加新議會選舉。新議會議員中來自法國西南部的中產階級人士佔大多數，被稱為吉戎丁黨（Girondins）。此輩熱中民主，雄辯滔滔，但對政治及國際局勢極為無知，倡言將聯合所有人民對抗一切專制君主。巴黎一般人士亦對逃亡貴族、不肯宣誓的教士及奧地利皇帝普遍憤怒及猜疑。當時奧皇為路易皇后瑪麗安東尼特的兄長李奧波德（Leopold）。路易被停止

王權後，李氏接受其妹請求，於八月聯合普魯士王自皮爾尼茲（Pilnitz）發表宣言，要求恢復路易王權，否則將聯合全歐國家對抗。措辭雖然嚴峻，實際上僅係虛聲恫嚇，希望路易接受憲法與內部和解，並不欲真正付諸行動。但法國逃亡貴族及俄國女皇，瑞典及西班牙國王等均迫其阻止法國革命，避免火花蔓延。李氏猶豫未決，不意猝逝。其子弗蘭西斯（Franeis）繼位，年輕氣盛。1792年吉戎尼丁黨人要求屈埃爾選侯（Lelect of Trier）驅逐法國逃亡貴族在喀布倫茲（Coblentz）徵集的軍隊。弗蘭西斯予以反抗。吉戎丁黨人雖然明知此等要求足以引起戰爭，但自以為法軍必勝，歐洲人亦將群起驅逐專制君主，「自由、平等、博愛」的精神可以征服全世界。革命人士中惟有羅伯斯比（Robespierre）深感戰爭可使法王恢復大權，勝利的將軍亦將成為人民新的敵人未予贊同。然而一般人士尚未有此警覺，羅氏的憂慮並未引起有效反應。

路易出席憲法會議，宣布重建軍隊紀律，準備加強國防，獲得議員掌聲不絕，卻因拒絕簽署會中對於逃亡貴族及教士的若干措施，使得輿論譁然，稱之為「否決先生」（Monsieur Veto），又與議會處於反對地位。巴黎飢荒亦歸之於此一否決者。朝廷不識時務，將唯一可以與議會溝通的大臣納彭（Naronne）解職。吉戎丁派要員維紐德（Vergniaud）威脅朝廷，揚言圖勒利宮中除國王外，所有人士一旦被判有罪，即將人頭落地，內閣為之全體解職。路易擬與議會妥協，但新憲法規定議員不能充任朝臣，乃以與吉戎丁友好的羅蘭（Roland）先生擔任內政部長、杜慕瑞（Dumouriez）為外交部長。1792年四月二十日杜氏宣布對奧地利作戰，從此兵連禍結，致使革命一波三折，近百年後，始底於成。

　　戰爭開始，普魯士立即加入奧方。法軍腐化已久，紀律鬆弛，軍官多人逃往國外；仍留軍中者，也不為兵士敬重。新

成立的國民衛隊，既乏紀律，亦少訓練，裝備更感不足，前線應戰者僅有八萬人。普軍單獨即為其一倍之多，交鋒之後，法軍立即戰敗。皇后及其友人希望革命就此結束。議會之中雅克賓派主張將路易的衛士解散，不服從的教士放逐。路易拒絕同意，解散吉戎丁內閣。領軍在外的拉法葉返回巴黎，似將勤王，議會暫時讓步。六月二十日，暴民衝入圖勒利，對路易加以羞辱。巴黎市長柏信（Pétion）趕往解救，王后暫時獲得安全，但尊嚴喪失殆盡。議會中公開討論廢王，但無人敢言共和。里昂（Lyons）主教拉莫瑞特（Lamourette）呼籲在外敵威脅下，全國團結。全體代表為之狂喜，互相擁抱，但僅曇花一現。七月十一日，議會宣布「國家危險」，通過徵兵。全城到處建立三色抬面，以木板作為辦公榛，接受志願從軍人士。應徵者蜂擁而至，但愛國熱誠之中卻雜以對王室反抗，以為其與敵人暗中勾結，適逢普軍統帥布倫斯維克公爵（Duke of

Brunswick）發表宣言，聲稱法人如對君主及其家人加以傷害，將對巴黎完全摧毀。法人更為激怒，敵愾同仇，高呼「公民們，武裝起來！」到處高唱李斯里（Rouget de Lisle）為萊因地區軍隊所做的「馬賽進行曲」，以為既對歐洲所有君主作戰，就不能再受其中之一的命令，戰爭需要全國精誠團結，建立共和及強有力的政府。議會尚自猶豫不決，八月十日丹頓（Danton）率眾攻入圖勒利。宮中的瑞士衛隊奮勇抵抗，全被殺戮。路易被囚，議會隨即通過停止王權，開始建立共和政府。

恐怖統治與張久必弛

1792年八月十日以後，法國政局由丹頓（Danton）完全主導。原有議會形式上雖然仍繼續擁有三分之二議員，卻因畏懼生命危險不敢出席，只得另行召開新議會（Convention）由全國普選產生，但將逃亡貴族的親戚及丹頓等認為可疑人物排除在外。常規法庭之外，另行組織革命法庭（Revolutionary

Tribunal）處理反革命事件。八月十日以後，馬拉特（Marat）認為半個歐洲進侵法國，許多官員逃跑，巴黎可能遭受圍困，需要以恐嚇壓制反動。乃雇用大批欠債者及罪犯等人，每日酬以六法郎及其喜愛飲用的酒，鼓勵其殺戮貴族。九月二日開始在各監獄執行。任何人皆可以法官自居判處死刑。先後被殺囚犯多達一千二百人，皇后友人朗巴爾公主（Princess de Lamballe）亦在其內。議會不敢干涉，市政府加以認可，公眾輿論出奇冷淡，僅僅偶爾加以諷刺而已。丹頓有足夠能力加以阻止，但以其為必需的正義而對之放任。

　　巴黎以外，各地對新議會選舉冷靜得近乎漠不關心。九月二十三日舊有的議會解散，新議會在圖勒利召開。議員多屬中產階級，支持廢除特權，保護私有財產，以之避免反革命引起賠償問題，但對九月屠殺則持反對態度。全體議員共750人，態度轉為溫和的吉戎丁派人士坐於右方，沿襲古代雅典故事被稱為海岸派。態度強硬被稱為山岳派的坐於左方，其中之一的

狂熱份子聖汝斯特（Saint-Just）曾謂「造成共和的就是摧毀一切事物。」坐於中間的是號稱平原派的少數人士，謹慎睿智，極少表示意見。吉戎丁派的柏信（Pétion）以235票當選主席。最初吉派似乎可以控制議會，會中決定廢除王政建立共和，但懼怕民眾暴力行為。山岳派偶然會尊重民眾，但僅欲賴其排除君主、貴族及教士，並不真正顧全民意。丹頓掌握一切大權，羅蘭夫人及其友人對之極為憎恨。會中談及對路易是否加以審判，吉戎丁派恐激起地方反抗持反對態度。丹頓謹慎小心，不置可否。聖汝斯特及羅伯斯比則不但贊成審判，而且主張處以極刑。投票結果721票中，僅以387票勉強通過。丹頓遲疑之後，投下贊成票。贊成票中尚有易名為「平等公民」（Citizen Philip Equality）的奧廉斯公爵（Duke of Orleans）。1793年一月十六日，路易被送上斷頭臺。臨刑高呼，「我乃無辜」。巴黎氣氛低沈，似有罪惡不安之感。

戰事方面，普魯士軍隊自開戰以來，連獲勝利。佔領凡爾登（Verdun）後，逕往巴黎進發。1792年九月二十日與法軍戰於瓦爾梅（Valmy）。法軍堅守陣地，迫使布倫斯維克軍隊退卻，進攻法國的其他軍隊亦全部撤回。法國革命首次展現軍力。歌德當時適在瓦爾梅，曾經以之為「新時代將從此開始」。此後法軍連獲勝利，佔領比利時，雄心勃勃欲圖實現「天然疆界」的理想。法國新軍無力自備軍需，必須取之於所到之處，迫於現實，行動極為快速。革命思想亦隨之傳播各地。深入德意志境內時，科學家福斯特（George Forster）呼籲德人與法比聯合，以為「二千五百萬人的國家，足以使所有君主的寶座，如紙牌砌成的城堡一樣一一倒塌」。呼籲德人「從夢中覺醒，振作勇氣，作自由德人，與法國人成為朋友及兄弟。」1792年十二月十五日，法方宣布「不欲控制或奴役任何人民。」但授權將領們在所到之處，廢除教會的什一稅和一切封建特權，推翻現有威權，建立行政機構，排除共和的敵

人。「對城堡作戰，對鄉村和平。」保衛法國之戰成為宣傳革命精神的思想戰爭。

　　歐洲各國恐懼法國要求自然疆界及散播革命思想造成不安。路易死後，英、荷、西班牙等國以法人弒君為藉口，加入對法作戰，迫使法方團結對外。汶地（Vendée）哀悼其「殉道君主」（Martyr King）發生叛變，山岳派主張設置「革命法庭」（The Revolutionary Tribunal）及「公安委員會」（Committee of Public Safety），各省設「革命委員會」（Revotuionary Committee）以整肅異己，掌握大權。1793年四月，九人參加的公安委員會成立，以丹頓為首，無吉戎丁派人士。當時法國大部分地區對於革命感到厭倦，里昂（Lyons）、南特（Nantes）、波都（Bordeaux）等大城為吉派勢力所在，山岳派恐其叛變，決定對於吉派採取強硬手段。六月二日國民衛隊新隊長韓瑞歐（Hanriod）率八千衛士攜六十尊大砲，陳兵議會會場之外。議會對吉派二十二名議員提出控訴，杜慕瑞特

早已支持議會，吉派在議會勢力全倒。部分人士逃回各地，準備領導地方叛變。全國三分之二地區反對議會，但吉派缺乏領導才幹，對外作戰之時，內部叛變亦為愛國人士所不贊同。山岳派決定以更劇烈手段壓制反動，丹頓對於吉派態度軟弱，於七月十日為羅伯斯比取而代之，完全掌握公安委員會，專斷獨行，甚於一般專制君主。羅氏所發一切救令，議會未經討論，即予以完全同意。軍隊及每個鄉間均由委員會派人監視。所有官員如不公開展示對革命忠誠，一律停其職位。任何人一有嫌疑，常常未經審判，即予以定罪。馬拉特入浴時，為一女子刺殺，更予恐怖統治藉口。革命法庭連續十四個月未曾停止審判。熱誠愛國，效命疆場的將領如：庫斯丁（Custine）、布哈內（Beauharnais）、畢雲（Biron）、福勒（De Flers）等皆遭枉殺。吉戎丁派重要人士或被殺、或自裁，無一倖免。羅蘭夫人臨刑之時，呼出名言：「自由，多少罪惡假你之名而生！」丹頓及德斯慕林（Camile Desmoulins）對之大為震動。丹頓自

愧無法相救，悲傷哭泣。妻子死後，娶一十六歲少女，寄情遊樂，企圖韜光養晦，免遭屠手，最後亦難倖免。1794年三月三十一日被捕，深悔當初設置革命法庭，被判死刑時，高呼：「無恥的羅伯斯比，你將隨我而來。」在刑架上命劊子手將其人頭示眾，謂「它很值得一看」。

長達年餘的恐怖統治，巴黎一地即有二千八百餘人頭落地。各地方共有一萬四千多人被殺，其餘被水淹死及槍決者尚不在內。劊子手無法在短時間內連續砍殺。一位名叫吉約丁（Guillotine）的學者發明一種連續快速砍頭的機器，也被稱為「吉約丁」，但他自己的人頭最後也被這種機器砍掉了。

恐怖統治，流血成渠，污染法國史冊。但在愛國口號之下，提高政府威權，集中一切力量，對抗外敵卻很有效。喀納特（Carnot）掌軍政，聖安德瑞（Jcanbon Saint-André）建立海軍。全國總動員，十四支隊伍，七十五萬二千兵士保衛國土。其中許多尚屬童年，童子參加的隊伍以二單位對一單位與

老兵混合。全國對此毫無怨言。兵士家書之中充分顯示愛國熱忱。全國用盡人力、物力生產槍砲火藥。科學家用其所學幫助軍事行動，使用旗號（Semaphore）加快政府與軍隊聯絡，以俘獲的熱氣球偵察敵人動靜。萬眾一心，齊力抗敵。喀納特一面保護效忠新政府的舊制度下的將領，一面快速提升能力高強的年輕軍官，如荷旭（Hoche）、馬蘇（Marcean）、克勒伯（Klebe'r）等皆獲重用。喀氏教全軍以快速有效的新式戰術，可能即為日後拿破崙所用的雛形。法軍兵多將廣，戰術精良，敵方本身卻陷於思想混亂，互相猜忌的狀態。法軍所到之處，當地皆有對封建舊制不滿的人，「自由、平等、博愛」之說，使彼等心旌動搖。普奧聯合對法，但在波蘭卻互相利益衝突，致使奧對普軍進入法蘭德斯（Flanders）發生猶豫。1794年春，法軍佔盡優勢，比利時全部歸法所有。七月二十三日法軍進入安特維普（Antwerp）。

外患稍解，內部卻加強恐怖統治，人人自危。羅伯斯比倡言「缺乏道德，恐怖將無根源；缺乏恐怖，道德將無力量。」儼然以道德的大護法，甚至以神自居，得意忘形。1794年六月十日，竟然在議會制訂法規，本人可以不經議會同意，自行對議員提出控訴，剝奪議員的豁免權。議會為之恐懼戰慄，為求自保，不再將恐怖統治視為正當。在羅伯斯比加強恐怖之下，處死之事更加頻繁。死者遺留的寡婦孤兒，形成羅氏的大量敵人。樹敵既多，羅氏對人更加猜疑。對之偶有禮貌不周之時，亦被視為敵人。最後整肅對象擴及公安委員會。喀納特及其友人受聖汝斯特威嚇，激起反彈，加入反羅氏陣營。富有計謀的福旭（Fouché）以平原派為對象，在議會暗中策動反羅。羅氏察覺會中敵意，七月二十六日在會中號召清算公安委員會中職司警察的委員會中反革命成員，激起強烈反感。入夜，反羅的少數人士成功喚醒一向懦弱順從羅氏的議員們。第二天，

議會宣布長期開會永不解散，群情激憤。羅氏企圖加以控制，被議員高呼「打倒暴君！」禁止其發言。接著，會場陷於混亂。最後，有人喊出「將其逮捕的事付諸表決」。羅氏之弟及少數忠於羅氏的友人，站在羅身旁，加以保護。議會主席命令警察將羅氏兄弟及其少數友人加以逮捕。巴黎市政府（Paris Commune）聞悉羅氏被捕，決定對其叛變，「解放議會」，逮捕親近羅氏的議員，將羅氏帶往市政府內。友人勸羅氏召集軍隊，成立革命政府。羅氏猶豫，稍遲方才同意，正擬簽字時，被推舉領軍的巴瑞斯（Barras）進向市政府，當地警察開槍，射中羅氏下顎。次日羅氏與其同伴等人，在眾多民眾前被送往斷頭台。群眾歡呼「打倒暴君，共和萬歲！」

數月前樂於與恐怖統治者為伍的塔利安（Tallien）及巴瑞斯，此時被群眾呼為恐怖統治的征服者。十萬左右前此被疑為反革命的人自藏匿處走出，控告前此對彼等提出控告者。前此

將人們送上斷頭臺的人們如今自身被送上斷頭臺。革命法庭的陪審官們被殺。恐怖統治時代的大量殺戮為之停止。巴黎一夕之間發生巨大改變，仍然倖存的吉戎丁派人士返回巴黎。貴婦名女主持的沙龍（salon）座上客滿，戲院上演反雅各賓戲劇，馬拉特的坐像被砸碎，中產階級的店主及僱員重新活躍。

　　巴黎人士希望1793年的憲法能夠有效執行。塔利安暨巴瑞斯則主張制訂新憲。由十一人組成的委員會從事制憲。新政府由五位督政官（Director）主持行政。每年改選其中一人。立法機構分為長老（Ancients）及五百人（Five Hundred）兩院。選民必須為有產者。一般農民在革命期間擁有田產，因之均皆具備投票資格，城市勞工則無緣參加。新議會中三分之二須選自舊議會（Convention）議員，雅各賓派仍可保持相當勢力。新法既成，1795年十月二十六日，舊議會在高呼「共和萬歲」中結束。五位督政官中以貴族出身的巴瑞斯為首。連年征

戰及內部不安，使得政府財政瀕於破產。土地券形同廢紙，貨幣貶值。羅伯斯比被殺前五日發佈敕令，規定物價最高標準，新政府無力執行，物價飛騰飆升。一雙鞋價1790年僅值五個里弗，1795年飆升至二百，1797年更高達二千。社會風氣張久必弛。高級官員驕奢淫佚。革命期間投機暴發的富人華服美食，高車駟馬，招搖過市。沒有選舉權的工人、飢餓的民眾，怒火難平。哨兵檢查時喝問何人，路人常答以「一個空肚子」。政府無力安撫內部，為求轉移國人目標，致力加強對外戰爭。以荷旭攻愛爾蘭，打擊英國，以年輕將領拿破崙攻義大利以牽制奧軍。拿氏面對飢餓襤褸的兵士，遙指富裕高雅的義大利，鼓勵其奮勇衝刺，奪得戰利品，改善生活。另以嶄新戰術，奇兵突襲，一個月內大獲全勝。俘虜二十一面軍旗、五十五尊大砲、一萬五千俘虜。法人經過恐怖統治，新政府腐化，自身無力感及飢餓之餘，久已忘記光榮滋味，得此捷報欣喜若狂。一

夕之間拿氏成為英雄偶像。義大利人雖然兵敗，但以奧地利勢力被逐出義大利境外，以實現自由平等博愛的精神自居，亦視拿氏為解放者。1797年九月，議會多人意欲恢復宗教自由，結束戰爭，發動政變，拿氏派人壓制督導。政局雖暫時安定，但對流亡在外自行登基宣布將恢復絕對專制的路易十八並無好感，無意恢復王政。1799年在執政者軟弱無能，民間普遍不滿的情形下，席埃、福旭及塔勒朗（Tallyrand）三位政壇老將及教士發動政變，與拿氏相商。拿氏深知使用武力將來勢必亦為武力推翻，主張新政府由議會選舉產生。當時席埃甫經當選為督政官，暗中活動，已獲長老院確保合作，僅需五百人會議同意，決定離開巴黎在聖克勞德（Saint Claud）召開。議長路西安（Lucien）為拿破崙之弟，有權召集軍隊對付任何阻擾。會中議決組織三個執政（consul）為主的新政府。三人之中以拿破崙為首，其餘為席埃及杜可斯（Roger Ducos）。法人倦於革

命，困於飢餓，恐懼不安，衷心全意希望有一強有力的政府，恢復秩序，使他們能夠安居樂業，至於政體為何，已非他們所欲計及。

拿破崙的興起與西洋民主政治的遠播

拿破崙（Napoleon Bonaparte）的先世為義大利望族之一，以後遷居科西嘉（Corsica）島。拿氏於1769年生於該地。當時科西嘉屬於法國。拿氏之父及其他科島人士曾欲謀取脫離法國獨立。法國為籠絡他們，常常促使當地世家大族的子弟赴法接受教育。拿氏十餘歲就在巴黎軍事學校學習砲兵，深受伏爾泰及盧梭思想影響。法國大革命爆發，拿氏以法國政治舞台遠大於科島，乃以法國人自居，加入雅各賓會社，投入法國革命。1795年土倫（Toulon）之戰，拿氏擔任少校，砲擊英艦，英軍敗走，開始嶄露頭角。督政府時代，獲巴瑞斯賞識，被派為征義大利統帥。一支偏師竟能由義入奧。在距離維也納僅一百

公里之地，迫使奧地利求和，訂定城下之盟（Treaty of Campo Formis）一鳴驚人，成為法人心中的偉大英雄。拿氏勝而不驕，返法時辭謝為他舉行的盛大歡迎儀式。閉門隱居，研究數學、歷史，與學者交往。獲得法國國家研究院推選成為該院院士。1799年法人對於督政府厭倦已極，督政席埃與拿氏聯手發動政變，制訂新憲，改組政府。當時除少數部門軟弱無力地抗議之外，無人反抗。中產階級為之恢復信心。保皇黨希望拿氏發動復辟，共和主義者希望他做華盛頓。拿氏卻謙恭和善，經常穿平民所著服裝，不以軍人自居，表示不以軍力干政，更不顯露英雄姿態，深得一般民眾愛戴。

　　席埃所制新憲，認為居上位者，應當有力；居下位者，應該對之有信心。三位執政（Counsul）中，拿氏居首，其餘為席埃與魯可斯。首席執政的主要任務為促進全國團結。拿氏的重要助手一為態度溫和的前公安委員會主席坎伯塞瑞（Cambacérès），一為舊制度下的權貴，但非以貴族自居的盧

布倫（Lubrun）。表面網羅各個不同方面的人物，實際卻能彼此協同一致，實為促進團結的良好組合。新法獲得一般平民熱烈贊同，以為渴望已久的內部和平可以實現。1794年十二月二十五日三位執政就職時宣布：「公民們，革命已經達到開始時的各種原則，革命已經完成。」新政府剩下的問題僅為安撫一直形成不安份子的保王黨及舊教勢力，以及國庫空虛難為無米之炊的財政匱乏。

內部百廢待舉，需要對外和平，全力對內。1800年春大勝奧軍，1801年與奧訂定盧納維爾條約（Peace of Luneville）獲得萊因河左岸，以之為友好共和國。

首席執政位高權重，雖有職司維護憲法的元老院（Senate）及討論議案通過法律的議會，但選舉權可由拿氏控制。兩院成員，多為革命以來弒君及雅各賓會社人士。其中不乏才智之士，但經過多年殺戮、顛覆，渴望平安度日，只要拿氏所為能在可以容忍的範圍之內，無不予以支持。

法國原為西歐富強大國，土地肥沃，農產豐富，工商發達。只是稅制不公，貪污橫行，政策不良，舊有威權束縛重重，以致國困民窮。拿氏建立公平合理稅制，全民一律平等，按照財產及收入的一定標準納稅。統一收稅辦法，慎選廉能稅吏，稅吏人數自王政時期的二十萬人減至六千人，避免官多擾民。建設道路，開鑿運河，便利交通。親自巡行全國，鼓勵里昂、盧安（Louen）、埃爾巴特（Elbeut）等地的工業製造；加強對海外殖民地貿易，通商惠工；設置法國銀行（Bank of France）及商業部（Chamber of Commerce）總縮金融貿易。農民稅負較王政時期減少四分之三，政府稅收卻增加一倍。此外，拿氏於其所征服的地區如義大利等地亦課以重稅，是以對外多次戰爭，並未影響法國經濟及法人生活。

法國承襲封建舊習，地方分權，王政時期迄無統一行政，革命以來亦未能及此。拿氏執政時期，集權中央，劃定合理行政區，建立統一的行政制度。省市主管由拿氏欽選，用人唯

才，不分黨派、種族、及宗教信仰。前此逃亡貴族、雅各賓人士，新舊教徒，甚至猶太人及無神論者，只要才能相當，皆獲一致任用。是以政府及議會中人才之高且眾，冠於歐洲各國。上下協同促進全國精誠團結。

　　法國封建時期，地方分權，政出多門，教會封地各有法律，教會壟斷思想，評判行為，工商業自訂法規，革命開始之時，全國法律多達四百餘種。平民百姓限制重重，動輒得咎。前此曾有多次企圖制訂法典均未成功。拿氏以之為治國要務，網羅法律專家，親自主持會議，指示大方向，由法學家制定細節條文，揉合法國南部流行的類似羅馬法，以及北部通用的法蘭克人習慣法，制成一部純理性及世俗化的法典，以法律保障革命所追求的自由、平等及私有財產權。在法律面前人人平等，具有居住、行動、工作、言論及信仰等自由。一切行為規範全以理性為主，純粹世俗化，不再受宗教束縛。婚姻僅為民間約定，可以自由結合、離異，不再被視為聖禮。法成，經過

數次局部修改，不但一直用到現在的法國，而且同樣用於法國革命以來曾經控制過的地區。更有許多包括我國在內的國家自動仿效，與英美法系成為目前世界上流行的兩大法律系統。

拿氏非常重視教育，以教育培養法國所需要的國民型態。設立「法蘭西大學」（University of France）統籌全國教育，監督各級學校。校中施以嚴格的軍事訓練。為補公立學校不足，私立學校及宗教性學校仍然存在，為數約達全國總數之半，但均加以嚴格管理。法國此後由於教育普及以及農村之中自耕農佔絕大多數，無論內外政局如何變動，社會均能保持穩定，實拜革命及拿氏之賜。

法國本以舊教為國教，革命以來，新教佔據上風，以致維地等地舊教徒憤而與保王黨結合，屢起叛變。拿氏為求安撫，於1801年七月與教宗庇阿斯七世（Pius III）訂定協議，法國境內教會舊有財勢一概取消。主教雖然仍由教廷任命並依古俗舉行就職聖禮，但其生活及工作所需，必須依賴法國政府給予

的薪資，事實上成為法國政府的附庸，已經失去其獨立性。工作上除舊有的任務以外，更須在聖壇宣讀軍隊文告，促使教徒對國旗致敬，並灌輸其效忠領袖的思想。主教不能在其教區以外活動，不得政府同意不能召集宗教會議（Synod）或與教廷從事聯繫。舊教教會雖然失去權勢，但法國人的宗教自由終於獲得保障，對於一般舊教信徒而言，於願已足。法國在拿破崙兼容並蓄、軟硬兼施、嚴格控制，以及銳意經營之下，雖有少數反叛及政敵陰謀，均經壓制敉平，內部趨於安定繁榮，百姓可以安居樂業。革命所持的「自由、平等、博愛」精神中，所謂「博愛」在當時實在只是法國人如兄如弟，精誠團結，也就是民族主義的美好代名詞。拿氏認為法國人最需要的是平等，最得意的是光榮。他在這兩方面都給予高度滿足。法國人因為人人都是公民，他本人也經常以公民自居，表示一律平等。即使後來稱帝，也只是法國公民中的元首，而不是他們的主人。他的軍旗招展之處，法國無不耀武揚威，以宗主國或友邦領袖

自居。戰爭所獲無價之寶的藝術品至今若干猶陳列在法國博物館中未曾歸還。法人名利雙收，除極少數野心勃勃希望取而代之的政敵和堅守原則的學者之外，絕大多數的法國人衣食無憂之餘，對於他以何種名義統治，並不予以計較。所以，他的執政任期由十年改為終身，最後還以查理曼之後的皇帝自居，都一一順利達成。對內政權穩固，對外方面卻不那麼順利。

法國革命以來，佔領比利時等地。自以為完成夢想以久的天然疆界，卻犯了英國的傳統大忌。英國以一海島，面對龐然大物的歐洲大陸，最感懼怕的是對岸荷蘭、比利時兩地如為強國所佔據，就會威脅到海島安全。法國不肯放棄萊因河左岸地帶，為英所難容。拿氏儘管聯奧親俄，控制歐陸其他各地。但對英國一水相隔，海軍又已為納爾遜（Nelson）所摧毀，英法海峽無法飛度，只有最後一個下下之策：「大陸封鎖」。拿氏認為英國以工商立國，尤賴商業，如果斷其商路，必將屈服。然而浩瀚海洋，如何能以陸軍封鎖。俄皇自恃大國，不肯

從命；西班牙海上偷渡，難以阻攔。拿氏勞師動眾，已經捉襟見肘。最後征俄失利，佔領之地叛亂四起，導致最終失敗。幸有革命元老塔利倫利用戰勝國家內部矛盾，以「合法化」（Legistimacy）為由，在維也納議和會議中縱橫捭闔，法國寸土未失，內部拿氏所創規模均在。以後雖經復辟、廢王、社會主義思想興起以及對普魯士戰爭種種波折，但是內部一切有賴拿氏籌畫經營，既有良法可循，革命已可逐漸終結。革命以來所實行的民主政治也隨拿氏的馬蹄直接間接傳播眾多地區，與英國的議會政治殊途同歸，成為十九世紀以來世界各國政體的主流。

西洋民主政治目前面臨的問題

　　宇宙萬物在變，人的思想在變。應付環境的良好制度也不能一成不變。十九世紀以來，成為文明世界主流，也曾有過富強康樂佳績的西洋民主政治最近出了若干值得深思的問題。

　　近代西洋民主政治實施之初，由中產階級領導，一般民眾默默跟從，選舉權有種種限制。工業革命以後，無產階級抬頭，婦女的工作機會也開始增加，選舉權擴及全民。民間意見紛紛興起，由於立場的不同，出現多元化。兩黨政治的代表性呈現不足，執政者難獲絕大多數選民支持。二次大戰以後，美國總統的得票率甚少超過60%。英國最近勝選的政黨甚至須與另一小黨共同組閣。民主政治的本質已經捉襟見肘。多黨政治的代表性雖然較強，但不同政黨聯合執政的結果，常因對於某

些枝節問題意見不合招致政局不穩，良好政策難以順利執行。至於缺乏政黨支持的無黨籍人士更難當選。

科技快速進步，交通日益便利，一切事物趨向全球化，一般民眾或因外界知識不足，難以應付複雜多變的國際情勢，或因絕大多數媒體各有立場以及其他不同因素無法獲得正確資訊，對於執政者的能力及其政策難做適當判斷。美國前任總統喬治布希發動對阿富汗及伊拉克戰爭時，絕大多數國人予以支持。及至損兵耗財，泥腿難拔，多數民眾又促其撤兵。民意昨非今是，覺察已遲，國家社會所受損害常難彌補。

全球化之下，企業家為求成本低廉、市場廣大，紛紛跨國經營，對於本國事務較少聞問。自由選擇國籍成為國際共識，人民擇木而棲，愛國心也為之逐漸淡薄，如無特別中意的選舉對象，甚至懶得去投票。

跨國公司需要龐大資本，獲利也以億萬計，國內卻因工廠及部分管理研究機構外移，造成大量工人及若干中級幹部

失業，形成富者愈富，貧者愈貧，中產階級逐漸減少的M型社會。貧者心意難平，憤世嫉俗，對於國事難作適當衡量，子女接受高等教育的機會也相對減少，降低部分選民水準。

工商業發達，農業分量減少，人口流動性日益增加，從政的候選人為求選民瞭解，必須借重文字宣傳，甚至電子媒體介紹，需要大量金錢。如果不能籌得鉅款，雖具卓越才能，也難免遺珠之憾，無形中使選舉失去應有的公道。

有志從政的人，必須先在政黨之中戰勝儕輩，獲得推薦；脫穎而出之後，又須唱做俱佳，力竭聲嘶爭取選民支持；當選之後任勞任怨之外，限於任期，需要長時間推行的龐大計劃，萬一繼任者不予認同，常使壯志難伸，徒呼負負。於是才智之士往往改事工商，成功之後，名利雙收，甚至可以直接間接影響政治，或者致力濟世救人的學術研究及自由職業，謀求心靈安謐。二次世界大戰以後，實行西洋民主政治的國家，極少傑出政治領袖，投入公共事務的幹練人員也相對減少。缺乏高瞻

遠矚的明智舵手及熱心工作的優良船員，艨艟巨艦如何能夠航向光明前程？

國內問題無法解決，執政者為求維護政權或爭取連任，常以對外製造事端，甚至發動戰爭，轉移國人視線。飲鴆止渴，雖可收效一時，卻將促使國家走上歧途，人民生活發生問題，招致未來危機及世界不安。

民主政治只是一種原則。實施方法因時因地各有不同，時過境遷，盛極一時的西洋民主政治已經出現若干問題。後進諸國實在不宜仍然將之奉為圭臬，亦步亦趨，全盤照抄。尤其不宜不待必要條件完全具備，貿然執行。

綜觀西洋古代及近代實施民主政治的經歷均都經過種種波折，付出流血犧牲的代價，歷時百年左右始底於成，並非一蹴可就。吾人今日絕對不宜再蹈西方人士過去的覆轍。如何積極培養國人必具的條件，避免西方目前已經發生的問題，按部

就班，循序漸進，周詳縝密規劃出一套適合本國國情的良好制度，亟需執政當局及高明人士慎予思考。

附註

　　本書中，外國人名、地名及專門名詞的中文譯名，在學者尚未形成共識以前儘量沿用一般常見的如亞力山大、凱撒、斯巴達、波希戰爭、伯羅邦內辛戰爭等等。比較生疏的則自行依外語發音翻譯，以便讀者與括弧內的注釋以各位所熟悉的發音對照。這本來是不得已的暫時措施，一俟有統一譯名，即將再行更改。讀者不便之處，敬請原諒。

新・座標04　PC0189

新銳文創　西洋民主政治的治亂興衰
INDEPENDENT & UNIQUE

作　　　者	曾祥和
責任編輯	林千惠
圖文排版	王思敏
封面設計	陳佩蓉

出版策劃	新銳文創
發 行 人	宋政坤
法律顧問	毛國樑　律師
製作發行	秀威資訊科技股份有限公司
	114 台北市內湖區瑞光路76巷65號1樓
	電話：+886-2-2796-3638　傳真：+886-2-2796-1377
	服務信箱：service@showwe.com.tw
	http://www.showwe.com.tw
郵政劃撥	19563868　戶名：秀威資訊科技股份有限公司
展售門市	國家書店【松江門市】
	104 台北市中山區松江路209號1樓
	電話：+886-2-2518-0207　傳真：+886-2-2518-0778
網路訂購	秀威網路書店：http://www.bodbooks.com.tw
	國家網路書店：http://www.govbooks.com.tw

出版日期	2011年12月　初版
定　　價	250元

國家圖書館出版品預行編目

西洋民主政治的治亂興衰 / 曾祥和作. -- 初版.
 -- 臺北市：新銳文創, 2011.12
    面； 公分.
 ISBN 978-986-6094-43-9(平裝)

 1. 民主政治 2. 西洋史

571.609   100020855

讀者回函卡

感謝您購買本書，為提升服務品質，請填妥以下資料，將讀者回函卡直接寄回或傳真本公司，收到您的寶貴意見後，我們會收藏記錄及檢討，謝謝！
如您需要了解本公司最新出版書目、購書優惠或企劃活動，歡迎您上網查詢或下載相關資料：http:// www.showwe.com.tw

您購買的書名：_____

出生日期：_____年_____月_____日

學歷：□高中 (含) 以下　　□大專　　□研究所 (含) 以上

職業：□製造業　□金融業　□資訊業　□軍警　□傳播業　□自由業
　　　□服務業　□公務員　□教職　　□學生　□家管　　□其它_____

購書地點：□網路書店　□實體書店　□書展　□郵購　□贈閱　□其他

您從何得知本書的消息？

　□網路書店　□實體書店　□網路搜尋　□電子報　□書訊　□雜誌

　□傳播媒體　□親友推薦　□網站推薦　□部落格　□其他_____

您對本書的評價：(請填代號　1.非常滿意　2.滿意　3.尚可　4.再改進)

　封面設計____　版面編排____　內容____　文／譯筆____　價格____

讀完書後您覺得：

　□很有收穫　□有收穫　□收穫不多　□沒收穫

對我們的建議：_____

_____

_____

_____

11466
台北市內湖區瑞光路 76 巷 65 號 1 樓
秀威資訊科技股份有限公司　　　　收
BOD 數位出版事業部

....
（請沿線對折寄回，謝謝！）

姓　　名：_____　年齡：_____　性別：□女　□男

郵遞區號：□□□□□

地　　址：_____

聯絡電話：(日) _____ (夜) _____

E-mail：_____